「日本の衣食住」まるごと事典

일본 의식주 사전

일본 와사비, 한국 고추냉이

「日本の衣食住」まるごと事典

Copyright ⓒ 2015 by Yoko Toyozaki and Stuart Varnam-Atkin / Sawada Gumi / IBC Publishing, Inc.
Korean Translation Copyright ⓒ 2015 by Hanul Publishing Group
All rights reserved

装　　幀＝岩目地英樹（コムデザイン）
本文イラスト＝横井智美

이 책의 한국어판 저작권은 IBC와의 독점계약으로 도서출판 한울이 소유합니다.
저작권법에 의해 보호를 받는 저작물이므로 무단전재 및 복제를 금합니다.

「日本の衣食住」まるごと事典

일본 의식주 사전:
일본 와사비,
한국 고추냉이

とよざきようこ、
ステュウット・ヴァーナム−アットキン＝共著
承 賢珠＝韓国語訳

IBCパブリッシング

はじめに

あんとは何。

膳とはいったい何か。

誰が納豆を発明したのか。

そろばんはどうやって使うのか。

雨戸をしまうものは何と呼ぶのか。

どうして畳はいろいろなサイズがあるのか。

初めてかりんとうがつくられたのはいつなのか。

昔、日本の船長はどこにお金をしまっておいたのか。

　富士山を有する超近代的なこの国を訪れ、伝統的なものに触れたとたん、人々はこのような質問を山ほど投げかけてくる。だが、その問いの1つひとつに答えるのは日本人にとってもむずかしいことがしばしばだ。しごく当たり前にそこにあるものとみなし、さほど真剣に考えたこともない文化的な事柄を説明するのは、どの国の文化の人にとっても決して容易なことではない。

　この本は、日本を訪れた韓国人がいつか出会うと思われる数々の

들어가는 글

앙은 뭘까?

젠은 도대체 뭘까?

누가 낫토를 발명했을까?

주판은 어떻게 사용하는 것일까?

아마도(덧문)를 닫는 것은 뭐라고 부를까?

어째서 다다미에는 여러 가지 크기가 있는 걸까?

처음 가린토가 만들어진 것은 언제쯤이었을까?

옛날 일본 선장들은 어디에 돈을 간수했던 것일까?

후지 산으로 유명한 초근대적인 일본을 방문해 전통적인 것과 마주치는 순간 사람들은 이런 질문을 무수히 쏟아낸다. 그러나 이 질문 하나하나에 대답하는 것은 일본인에게 무척 어려운 것으로 종종 여겨진다. 존재 자체를 당연하게 여기고 평소에는 진지하게 생각해본 적이 없는 문화적 배경을 설명한다는 것은 어떤 나라 사람에게도 결코 쉬운 일은 아니다.

　이 책은 일본을 방문한 한국인이 언젠가 겪을 수 있는 여러 가지 일에

事柄に関する情報を、韓国語と日本語の両言語で説明しようとするものである。回答側に立とうとする人たちにとって役立つものであるよう心がけたが、同時に、韓国語を話す質問側にとっても、情報が興味深く、かつ見聞を広めるものであってほしいと願う。また、ただ単なる事柄の説明にとどまらず、歴史の断片や、統計、関連のあるトリビア、アドバイス、そして一般的な豆知識なども盛り込んだ。主なテーマは、家屋、食べ物、衣服、飲み物である。

　伝統的なふるまいや礼儀作法、工芸品、年中行事、家屋建設の概念、また食文化などの数え切れない要素が現代に受け継がれ、「日本の文化」が今なお健在であることを教えてくれる。19世紀後半から20世紀初めにかけて書かれた文筆家たちの日本に関する文献をあらためて読み直してみると、生活様式や労働環境が多くの面で劇的な変化を遂げているにもかかわらず、今もほとんど変わらないものが残されていることがわかる。彼らが抱いた所感の多くは今日もそのとおりであり、彼らが記した「日本式」のものの多くは、老若を問わずあらゆる人々の生活の中で依然として積極的な役割を果たしているのである。

　たとえば、伝統的な建築物が取り壊されるシーンは日常茶飯だが、その年季の入った柱やパーツは、ネット通販が可能になったおかげで、全国あちこちの家屋やレストランを彩る調度品としてセカンドライフを見つけている。100年前、外国人も日本人も背の高い人々はみな、部屋の中では頭をぶつけてばかりいた。それは今も変わらな

관한 정보를 한국어와 일본어 두 언어로 설명하고자 한다. 대답해야 하는 입장의 이들에게도 도움이 되기를 바라는 마음이지만 동시에 한국어를 사용하는 이들에게도 정보에 깊은 흥미를 느낄 수 있고 견문을 넓힐 수 있는 기회가 되기를 바란다. 또 단순한 설명에 그치지 않고 역사의 단편, 통계, 주제와 관련된 일반상식, 도움말, 알아두면 좋은 토막상식 등도 전달하고자 한다. 주요 주제는 가옥, 음식, 의복, 음료다.

전통적인 행동이나 예의범절, 공예품, 연중행사, 가옥 건설의 개념, 그리고 식문화 등 셀 수 없는 요소들이 현대에 이어져 내려와 '일본의 문화'가 지금 건재하다는 것을 가르쳐줄 것이다. 19세기 후반에서 20세기 초에 걸쳐 문필가들에 의해 쓰여진 일본에 관한 문헌을 다시 읽어보면 생활양식이나 노동환경이 많은 면에서 극적인 변화를 이루었음에도 불구하고 지금까지 거의 변하지 않은 것이 남아 있음을 알 수 있다. 그들이 마음속에 품었던 감상들은 대체로 오늘날에도 그대로이며 그들이 기록했던 '일본식'이라는 것의 대부분은 나이를 불문하고 모든 사람의 생활 속에서 여전히 적극적인 역할을 해내고 있다.

예를 들면 전통적인 건축물이 철거되는 모습은 일상다반사이지만 세월을 느낄 수 있는 기둥이나 부품은 인터넷 통신판매가 가능해진 덕분에 전국 각지의 가옥과 레스토랑을 꾸미는 조달품으로 제2의 인생을 맞이했다. 100년 전의 외국인도 일본인도 키가 큰 사람은 모두 방에서 머리를 부딪히곤 했다. 지금도 변함없다! 아직도 일본식 화장실과 씨름하는 외국인은 있다. 이것도 그 옛날과 달라지지 않았다. 걸핏 하면 기모노를 일상생활에서 입지 않게 된 것은 최근의 일이다. 또는 미국에서

い!和式トイレと奮闘する外国人は今もいる。これもそのころと変わらない!ともすれば、着物を日常生活で着なくなったのはつい最近のことだ、またアメリカからファストフードが紹介されてから日本人の体型は変わってしまった、などと考えてしまいがちだが、これに似たような発言は1930年代にもあったのだ。この本には、そのような当時の古い文献から、関連性のあるものをいくつか選んで引用してある。

著者の1人は身長155センチ。日本の田舎の豊かな自然の中で、米やさつまいもや庭でとれた柿の実を食べて育った。もう1人は、身長185センチ。イギリスのど真ん中のある都市で、ジャガイモやルバーブや庭でとれた西洋スグリの実を食べて育った。だが現在、どちらも畳の間のある暮らしをし、食卓では土鍋を使って料理をし、泡盛を飲み、こけしを収集し、納豆を好んで食べる。伝統的な日本の暮らしに見る数多くの優れた事物について著したこの本が、読者の興味をかきたてるものであれば幸いだ。

内容の多くは個人的な経験に基づいたものだが、幅広い調査を行ったのも事実である。その拠りどころとなった情報源はあまりに広範囲にわたるため、すでに絶版になって久しい多くの文献も含め、すべてをリストアップしてこの本に記載することはできない。だが、日本の暮らしについて、その断片的知識を積み重ねてくれたすべての先達に、謝意を表したいと思う。ものによっては、調査をすればするほどにさまざまな意見や事実が見いだされ、同時に、同じもので

패스트푸드가 들어오면서 일본인의 체형이 변해버렸다고 말하지만 이와 비슷한 이야기는 1930년에도 있었다. 이 책에서는 당시 옛 문헌에서 이와 관련성이 있는 내용을 어느 정도 골라 인용하고 있다.

저자 중 한 명은 신장 155센티미터. 일본 전원의 풍부한 자연 속에서 쌀과 고구마와 뜰에서 딴 감을 먹으며 자랐다. 또 한 명의 저자는 신장 185센티미터. 영국 한복판에 있는 도시에서 감자와 허브와 정원에서 딴 구스베리 열매를 먹으며 컸다. 그렇지만 현재 둘 다 다다미가 있는 집에서 생활하고, 부엌에서 도나베(뚝배기)를 사용해 음식을 만들고, 아와모리(오키나와 전통 증류주)를 마시고, 고케시(일본 동북지방의 특산품으로 머리가 둥근 목각인형)를 모으고, 낫토를 즐겨 먹는다. 전통적인 일본 생활에서 볼 수 있는 뛰어나고 수많은 사물에 대해 쓴 이 책이 독자들의 흥미를 이끌어낼 수 있다면 행복할 것이다.

내용의 대부분은 개인적인 경험을 바탕으로 썼지만 폭넓은 조사를 한 것도 사실이다. 그 기반이 되는 정보의 원점은 이미 절판이 된 아주 오래된 문헌을 포함해 너무나 광범위하게 걸쳐져 있기 때문에 전부 목록화해서 이 책에 싣는 것은 불가능하다. 그렇지만 일본의 생활에 대해서 단편적 지식을 쌓아온 모든 선배에게 감사의 뜻을 표하고 싶다. 경우에 따라서는 조사를 하면 할수록 갖가지 의견이나 사실이 밝혀짐과 동시에 같은 것이라도 지역에 따라 다양하다는 것을 알게 되었다. 모든 정보는 신중을 기해 확인했지만 그럼에도 사실관계에 잘못이 있을 경우 그 책임은 지은이에게 있다.

끝으로 여러 가지 단편적인 정보와 의견을 제공해준 가족과 친구들

も地方によって多様化していることを知らされた。すべての情報は慎重を期して確認に努めたが、事実関係の誤りがあった場合、その責任は著者が負うものである。

　最後に、いろいろと断片的な情報や意見を提供してくれた家族や友人に感謝を述べるとともに、素晴らしいイラストを描いてくださった横井智美さんや、ご支援くださったIBCパブリッシングの秋庭千恵さん、賀川京子さん、そして黒坂真由子さんに、その尽力と、熱意と、忍耐に感謝の意を表します。

とよざき ようこ

ステュウット ヴァーナム-アットキン

2007年 東京にて

에게 고마움을 전하고 훌륭한 일러스트를 그려준 요코이 도모미 씨, 성원해준 IBC 퍼블리싱의 아키니와 지에 씨, 가가와 교코 씨, 구로사카 마유코 씨의 진심 어린 노력과 열의, 인내에 감사 말씀을 드린다.

도요자키 요코
스튜어트 버남 앳킨
2007년 도쿄에서

韓国語訳者まえがき

　韓国と日本は、地理的にも文化的にも、さらには言語的にも大変に近い国ですが、私たちは両国間の文化が似ていると思って、何も疑いを持たずに、お互いの違いについて深く考えない癖がついているのかもしれません。本書を翻訳することで、私自身、15年以上日本に住んでいながら一度も関心を持たなかった生活の中の習慣や文化、物事の名称等について知ることができて、改めて勉強になりました。

　異文化を学習して理解するために、必ずしもその国に行って生活しなければならないということはありません。たとえその国に長く生活していてもあまり関心がなければ、あるいはその国の人々と一緒に生活することがなければ、永遠に知ることのない慣習や情報は、あまりにも多いのです。一冊の本を介して、長い間知らないまま過ごしてきた疑問点や新しい知識、情報を短時間で得ることができるということは、非常に魅力的で効率的なことだと思います。

　本書を手にされた皆さんが日本文化を理解し、新しい情報を得て、韓国文化と比較して興味を感じることができれば、翻訳者として申し分ないやりがいを感じます。また、自分の国のことなのに、外国の人に自分の文化について明快に説明できなかった日本人の方をはじめ、韓国語学習に熱意を持った方々にお役に立てれば幸いです。

承 賢珠

한국어 옮긴이의 글

한국과 일본은 지리적으로나 문화적으로, 또 언어적으로 매우 가까운 나라입니다. 그러나 양국의 문화가 비슷할 것이라는 생각에 아무 의심 없이 서로의 차이를 깊게 생각해보려고 하지 않는 습관이 은연중에 머릿속에 자리 잡고 있는지도 모르겠습니다. 15년 이상 일본에 살면서 한 번도 관심을 두지 않았던 생활 속의 습관, 문화, 사물의 명칭 등에 대해 이 책을 번역하며 새삼 깨달았고 공부가 되었습니다.

타 문화를 학습하고 이해하기 위해서 반드시 그 나라에 가서 생활해야만 한다는 법은 없습니다. 오래 생활하더라도 관심이 없거나 혹은 자국민과 함께 생활하지 않는 이상 영원히 모르고 지나갈 관습과 정보는 너무나 많습니다. 책 한 권을 통해 오랜 시간 모르고 지나왔을 의문점과 새로운 지식, 정보를 짧은 시간 안에 얻을 수 있다는 점은 매우 매력적이고 효율적인 일이라고 생각합니다.

이 책을 고른 여러분이 일본 문화를 이해하고 새로운 정보를 얻어 한국 문화와 비교하며 흥미를 느낄 수 있다면 이 책을 번역한 사람으로서 더할 나위 없는 보람일 것입니다. 또한 자국민임에도 불구하고 외국인에게 자신의 문화에 대해 명쾌하게 설명할 수 없었던 일본인을 비롯해, 한국어 학습에 열의를 가진 분들에게 도움이 된다면 기쁘겠습니다.

승현주

もくじ

はじめに 4
韓国語訳者まえがき 12

1 日本の伝統家屋 ……………………………… 16
2 家の中 ……………………………………… 34
3 家具 ………………………………………… 76
4 台所用品 …………………………………… 92
5 置物、日用雑貨、服飾品 …………………… 124
6 食べ物 ……………………………………… 152
7 飲み物、スイーツ …………………………… 192

参考文献・年号 212

● 付属CD-ROMについて ●
・本書に付属のCD-ROMに収録されている音声は、パソコンや携帯音楽プレーヤーなどで再生することができるMP3ファイル形式です。
・一般的な音楽CDプレーヤーでは再生できませんので、ご注意ください。

■ ファイルの利用方法について
・CD-ROMをパソコンのCD/DVDドライブに入れて、iTunesやx-アプリなどの音楽再生(管理)ソフトにCD-ROM上の音声ファイルを取り込んでご利用ください。

■ 音楽再生・管理ソフトへの取り込みについて
・パソコンにMP3形式の音声ファイルを再生できるアプリケーションがインストールされていることをご確認ください。
・CD-ROMはパソコンのCD/DVDドライブに入れても、多くの場合音楽再生ソフトは自動的に起動しません。ご自分でアプリケーションを直接起動して、「ファイル」メニューから「ライブラリに追加」したり、再生ソフトのウインドウ上にファイルをマウスでドラッグ&ドロップするなどして取り込んでください。
・音楽再生ソフトの詳しい操作方法や、携帯音楽プレーヤーへのファイルの転送方法については、ソフトやプレーヤーに付属のユーザーガイドやオンラインヘルプで確認するか、アプリケーションの開発元にお問い合わせください。

차례

들어가는 글 5
한국어 옮긴이의 글 13

1 일본의 전통 가옥 ················· 17
2 집 안 ························· 35
3 가구 ························· 77
4 부엌 용품 ····················· 93
5 장식품, 일용잡화, 옷과 장신구 ········· 125
6 음식 ························ 153
7 음료, 단것 ···················· 193

참고문헌·연호 213

일러두기
- 각 장 차례에서 일본어 의식주 용어에 일대일로 대응하는 한국어 뜻이 있을 때는 윗첨자로 표시했다. 그렇지 않은 경우는 본문에 고딕체로 표시한 부분을 참조할 것.
- 본문에서 옮긴이 주는 괄호 속 윗첨자로 표시했다.

1

日本の伝統家屋

家
瓦
玄関
庭
雨戸
縁側
盆栽
熊手 / 竹ぼうき

1

일본의 전통 가옥

이에^{가옥}
가와라^{기와}
겐칸^{현관}
니와^{정원}
아마도
엔가와
본사이^{분재}
구마데^{고무래} / 다케보키^{대빗자루}

家

和室は限りなく自由な空間だ。
三方は不透明な引き戸で仕切られ、
残る一方は透明、あるいは半透明の
引き戸となっており、
どこからでも出入りできる。
ものを置くテーブルがなければ
座る椅子もない。
背にして立つべき暖炉もない。
そこにあるのは、清潔な畳の床と、
完全なる選択の自由だけである。
(アルフレッド・パーソンズ、1896)

　伝統的な木造の日本家屋は、建築業者というよりむしろ、大工という職人の手による素晴らしい建造物だ。民家の多くは今も骨組みは木造だが、模造レンガや石で外観を仕上げる家が少なくない。都市部では、昔から瓦屋根が標準的。最近の屋根瓦は軽く、グリーン、ブラウン、ブルーなど釉薬の色も多彩だ。縁側(屋根のあるベランダ)は、室内と庭をつなぐ心地よい場所である。庭はモルタルの塀やさまざまな垣根(竹の柵)で囲われている。庭を彩る草木は厳選されて

이에^{가옥}

다다미방은 제한 없는 자유로운 공간이다.
방의 세 면은 불투명한 미닫이로 되어 있고
남은 한 면은 투명하거나 반투명한 미닫이로
되어 있어서
어느 쪽으로든 들락거릴 수 있다.
물건을 놓아두는 탁자가 없으면
앉을 수 있는 의자도 없다.
등을 따뜻하게 해줄 난방 기구도 없다.
그곳에 있는 것은 청결한 다다미 바닥과
완전한 선택의 자유다.
(앨프레드 파슨스, 1896)

 전통적인 목조 건물인 일본 가옥은 건축업자라기보다는 목수라고 부르는 장인의 손에 의해 만들어진 훌륭한 건축물이다. 민가의 대부분은 지금도 뼈대는 목조이지만 모조 벽돌이나 돌로 외관을 완성한 집이 적지 않다. 도시에서는 예로부터 기와지붕이 표준적이었다. 요즘 지붕의 기와들은 가볍고 초록색, 갈색, 파란색 등의 유약을 발라 만들어 색상이 다채롭다. 엔가와(지붕이 있는 마루)는 실내와 정원을 이어주는 곳으로 느긋한 기분이 드는 장소다. 정원은 모르타르로 만든 담과 울타리(대

おり、常に常緑樹、特に松の木が植えてある。

　道路に面しながら庭や塀のない家屋では、プライバシーを守るため、引き戸とも呼ばれる格子戸(格子細工の窓をはめたスライド式ドア)がよく利用されていた。

瓦

　かつて、特に田舎では、かやぶき屋根が普通だった。しかしここ数百年は、重い瓦(粘土を窯で焼き、松の煙でいぶしたもので灰色をしている)が一般的だ。瓦は実用的かつ装飾的な役割を果たす。昔は泥で固定していたので簡単に吹き飛ばされてしまうこともあったが、その重さで台風の被害から家屋を守っている。地震の規模によっては、この瓦の重さが家屋の倒壊を招いてしまうおそれもある。というのも、日本家屋には重さを支える壁がほとんどないからだ。ひさし部分の瓦の端は丸い形になっていて、家紋などの装飾を施すことが可能である。見事な装飾の数々を姫路城で見ることができる。

　また、手の込んだ家屋や寺や城の屋根には、鬼瓦を目にすることもあるだろう。これはグロテスクな鬼の顔を描いた欧州ガーゴイルの日本版で、そもそもは稲妻除け、魔除けであった。鬼瓦の上には通常突起部が見られるが、これは鬼の顔を鳥のふんから守るためである！昔ながらのいぶし瓦は徐々に減りつつあり、今では瓦屋根の70

나무 울타리)로 둘러싸여 있다. 정원을 꾸미는 초목은 신중하게 선택해서 항상 상록수, 특히 소나무를 심는다.

도로쪽으로 향해 있고 정원이나 담이 없는 가옥에서는 개인 사생활을 지키기 위해 히키도라고 부르는 고시도(격자무늬 창을 단 미닫이)를 사용한다.

가와라 기와

예로부터, 특히 시골에서는 띠로 지붕을 이은 집이 보통이었다. 그러나 최근 몇백 년 동안은 무거운 기와(점토를 가마에서 굽고 소나무 연기로 그슬려 회색을 띄고 있다)가 일반적이다. 기와는 실용적이며 장식적인 역할을 한다. 예전에는 지붕에 진흙으로 고정해두었기 때문에 쉽게 날아가 버리기도 했지만 기와의 무게가 태풍의 피해로부터 가옥을 지켜주기도 한다. 하지만 지진 규모에 따라서는 이 기와의 무게 때문에 가옥이 무너질 위험성도 있다. 일본 가옥은 무게를 지탱할 벽이 거의 없기 때문이다. 처마 부분의 기와 끝은 둥근 형태로 되어 있고 가문(집의 문장) 등의 장식을 할 수 있다. 이런 훌륭한 장식들은 히메지 성에서 많이 볼 수 있다.

또 공이 많이 들어간 가옥이나 절, 성의 지붕에서는 도깨비를 새겨넣은 기와도 볼 수 있다. 이것은 기괴한 악마의 얼굴을 표현한 가고일(유럽 교회의 처마 홈통에 올린 괴물 모양의 석상)의 일본판으로 원래는 번개를 막거나

豆知識	瓦せんべい(地元の有名な装飾瓦をかたどったせんべい)は日本各地で見受けられるが、特に有名なのは鎌倉と神戸のものである。
トリビア	1870年代、一流の貿易会社だったアメリカのウォルシュ・ホール商会が、神戸でも一等地の海岸通り2番地に豪華な商館を建てた。鬼瓦のモチーフは伝統的なものではなく、「American(アメリカの)」と「No.2(2番)」を漢字にしたものだった。会社はまもなく経営が破たんし、建物は香港上海銀行に接収された。銀行はその後繁栄が続いた。「亜二番」は、なんとイギリス系会社に大きな幸運をもたらしたのである！

%以上に釉薬瓦が使われている。第二次世界大戦以降は、アスファルトなどでできたシングルぶきの人気が高まっている。

玄関

玄関は、プライベートな空間としての室内と戸外を結ぶ重要な場所だ。もともと玄関と台所の床は硬い土でできていて、土間と呼ばれた。今日のたたき(玄関の床)は、通例としてコンクリートや石、あるいはタイルである。ここで靴を脱ぎ、備えられた室内用スリッパ

アドバイス	靴を脱ぐときは、身をかがめ、帰るときに履きやすいよう、靴のつま先をドアに向けて置くのが礼儀。さもなければ、訪問先の家の人があなたの靴に触れなくてはならない。穴の開いた靴下、タイツ、ストッキングははかないこと。2007年に日本を訪れた世界銀行の総裁がカメラの前で靴を脱いだときのこと——なんと彼の靴下には、両方とも穴が開いていたのだ！

가와라센베(그 지역에서 유명한 장식 기와를 본떠서 만든 센베)는 일본 각지에서 볼 수 있다. 특히 가마쿠라와 고베의 가와라센베가 유명하다.	토막상식
1870년대 일류 무역회사였던 미국의 월시홀 상회가 고베에서도 가장 조건이 좋은 해안가 2번지에 화려하고 규모가 큰 상점을 세웠다. 이 상회의 기와 도안은 전통적인 것이 아니라 'American(아메리카)'과 'No.2(니반)'를 한자로 표기한 것이었다. 회사는 얼마 가지 않아 파산했고 건물은 홍콩 상하이은행으로 넘어갔다. 은행은 그 후 번성했으며 '아니반(아메리카+니반)'은 영국계 회사에 커다란 행운을 안겨주었다.	일반상식

액을 피하기 위해 썼다. 도깨비 기와 위에는 보통 돌기 부분이 있다. 이는 도깨비 얼굴을 새똥으로부터 보호하기 위해서다. 전통 방식으로 그을린 기와는 점점 그 수가 줄고 있으며 지금은 기와지붕의 70% 이상을 유약 기와로 사용하고 있다. 제2차 세계대전 이후에는 아스팔트로 만든 낱기와의 인기가 높아졌다.

겐칸 ^{현관}

현관은 전용 공간으로서 실내와 실외를 이어주는 중요한 장소다. 원래 현관과 부엌의 바닥은 단단한 흙으로 되어 있어 토방이라고 불렀다.

신발을 벗을 때는 돌아갈 적에 신기 편하도록 신발 코를 현관문 쪽을 향해 놓는 것이 예의다. 그렇지 않으면 집주인이 손님의 신발을 정리해야 한다. 구멍 뚫린 양말, 타이츠, 스타킹은 신지 않을 것. 2007년에 일본을 방문한 세계은행 총재가 카메라 앞에서 신발을 벗었을 때 그의 양말은 양쪽 다 구멍이 나 있었다!	도움말

に履き替える。一般に、片側には下駄箱が据えてある。下駄箱は、学校にあるような小仕切りの整理棚式で、引き戸がついているものもある。狭いアパートでも、ささやかながら靴を脱ぐための玄関がついている。地方では、今でも玄関のドアの鍵をかけない家がある。届け物に来る店の人や訪問客が出入りしやすいようにする、昔ながらのやり方だ。

庭

　小さいが、必要なものを完備した一風景を表現する日本庭園の長い伝統は今日もしっかりと生きていて、限られた空間を最大限に活用している。日本の庭は、そこで遊ぶというより鑑賞するものだ。茶室の庭には、砂利や砂の上に敷かれた飛び石や、袖垣(建物に取りつける装飾用のフェンス)などが設けられていることもある。家屋のスライド式の窓にはふつう、網戸(蚊の侵入を防ぐための引き戸)と雨戸(スライド式のシャッター)がある。昔の大家(たいけ)には、火災に耐える大きな倉庫があって、中に家財を納めていた。現在では多くの家庭が金属製の小さな物置(納屋)を置いて、スポーツ用品、バーベキュー用具、熊手(草かき)や竹ぼうきなどのガーデニング道具を収納している。軒下(突き出たひさしの下)は、何かをつるして乾かす場所として今でもよく利用されている。柿などの果物や大根などの野菜をつる

요즘 시멘트 바닥(현관 바닥)은 보통 콘크리트나 돌, 또는 타일로 만든다. 이곳에서 신을 벗고 준비된 실내용 슬리퍼로 갈아 신는다. 일반적으로 현관 한쪽 면에는 신발장이 붙어 있다. 신발장은 학교에 있는 것처럼 칸이 나눠져 있는 정리 선반식으로 미닫이가 달려 있는 것도 있다. 작은 아파트에도 비록 협소하지만 신을 벗기 위한 현관은 반드시 있다. 지방에서는 지금도 현관문을 잠그지 않는 집이 있다. 물건을 전해주기 위해 오는 점원이나 방문객이 들어오기 쉽도록 옛날 그대로의 방식을 따르고 있는 것이다.

니와^{정원}

작지만 필요한 것은 모두 갖추고 있어 하나의 풍경을 표현할 수 있는 일본 정원의 오랜 전통은 오늘날에도 제대로 살아 있어 제한된 공간이 최대한 활용되고 있다. 일본 정원은 그 안에서 즐기는 것보다는 감상하는 쪽이다. 다실의 정원에는 자갈이나 모래 위에 깔린 디딤돌, 소데가키(건물에 잇댄 장식용 울타리) 등이 놓여 있다. 가옥의 미닫이에는 보통 아미도(모기가 들어오는 것을 막기 위한 미닫이 방충망)와 아마도(미닫이 덧문)가 있다. 옛날 부잣집에는 화재에 견딜 수 있는 커다란 창고가 있어서 그 안에 집안의 재산을 넣어두기도 했다. 지금은 여러 가정에서 금속으로 만든 작은 간이창고(광)를 두고 스포츠 용품이나 바비큐 구이용품, 구마데(고무래), 대빗자루 같은 원예 도구를 보관한다. 노키시타

して乾燥させたり、洗濯物を干す場所としても便利である。

雨戸

日中、家の側面は
箱の中にしまう。
(バジル・ホール・チェンバレン、1904)

　最近のアパートやマンションにないものといえば、戸袋(シャッターを収納する箱)と雨戸(戸袋の中に収納するシャッター)だ。雨戸は、窓の外側に設えた引き戸(スライド式ドア)の類で、その役割は風雨を防ぐ。今では金属製のものが多く、昔のものと比べ場所をとらない。最近は、夜はカーテンを引くだけで済ませ、雨戸を使用するのは嵐のときや休日に家を空けるときだけという人がほとんどだ。

　その昔、外側のドアや窓に障子紙だけが使われていたころには、夜や、雨降りや風の強い日はいつも雨戸を閉めなくてはならなかった。夏は、家の中がたいへん暗く空気がむっとするようなこともたびたびあったに違いない。19世紀に日本を訪れた外国人は、よく次のように述べていた。日本の家屋はとても静かで安らかだ。朝が来て雨戸を開ける、そのうるさい音を聞くまでは！

(튀어나온 처마 밑)는 물건을 매달아 말리는 장소로서 지금도 잘 이용되고 있다. 감이나 무 등을 달아놓고 말리거나 빨래를 너는 공간으로도 편리하게 쓰인다.

아마도

낮, 집의 측면은
상자 안에 넣어놓는다.
(바실 홀 체임벌린, 1904)

지금의 아파트나 맨션에 없는 것은 도부쿠로(덧문을 넣어두는 곳)와 아마도(도부쿠로 안에 넣어두는 덧문)다. 아마도는 창 바깥쪽에 달린 히키도(미닫이)의 종류로 비바람을 막는다. 현대에는 금속제가 많으며, 옛날 것과 비교해보면 공간을 그렇게 많이 차지하지 않는다. 최근에는 밤에 아마도 대신 커튼을 치고 있고, 폭풍우가 왔을 때나 휴일에 집을 비울 때만 사용하는 사람들이 대부분이다.

바깥쪽 문이나 창문에 장지만 발랐던 옛날에는 밤이 되거나 비가 올 때, 바람이 센 날에는 항상 아마도를 닫아야만 했다. 분명 여름이면 집 안이 어둡고 후텁지근했을 것이다. 19세기에 일본을 방문한 외국인들은 종종 다음과 같이 말하곤 했다. "일본의 집들은 대단히 조용하고 편안하다." 아침에 아마도를 열 때 나는 그 요란한 소리를 듣기 전까지는!

縁側

木造の縁側(柱廊とベランダを合わせたようなもの)は、庭を見渡す座敷の外側に設けられている。どの縁側にも雨風をしのぐための屋根がついている。庭に面しているなら、そこへと続く踏み石の1つに足をのせて座りこむのにもってこいの場所だ。縁側はかつて、家族同士に限らず、ご近所や御用聞きとのコミュニケーションをはかる場であった。縁側があれば家に上げる必要もなかった。大雨が降ると濡れてしまうことから、濡れ縁とも呼ばれ、立派な家には、濡れると輝きを増す上質な木でできた濡れ縁があったものだ。

最近の縁側はガラスの引き戸で閉じられ、ちょっとしたサンルームになっていることが多い。椅子でも置いて、庭を眺めるというわけだ。旅館の部屋にも、たいてい畳の部屋の部分と障子で仕切られた縁側風のスペースがある。これは2階より上階にあって、ふつうの窓しかない部屋でも同様である。

盆栽

丹精を込めた日本古来の芸術、盆栽とは、真・善・美の精神に基づいたミニチュア鉢植え栽培のこと。自然そのものへの敬意を促す一方で自然を操る、興味深い融合の世界だ！人々は、盆栽を庭に並

엔가와

목조 엔가와(주랑과 베란다를 합친 것과 비슷함)는 정원쪽으로 나 있는 다다미의 바깥쪽에 설치되어 있다. 모든 엔가와에는 비바람을 막기 위한 지붕이 있다. 정원과 가깝다면 거기로 내려갈 수 있는 디딤돌에 발을 디디고 앉아 있기 딱 좋은 곳이다. 엔가와는 예로부터 가족뿐만 아니라 이웃이나 볼일이 있어 온 사람들과 대화를 나누는 곳이었다. 엔가와가 있다면 집 안으로 들어갈 필요도 없었다. 비가 많이 오면 젖어버린다고 해서 누레엔[누레루(젖다)+엔가와]이라고도 한다. 잘사는 집의 엔가와는 물에 젖으면 젖을수록 윤이 나는 좋은 나무로 만든 것이었다.

요즘 엔가와에 달린 미닫이는 유리로 되어 있어서 일광 욕실의 역할을 하기도 한다. 의자를 가져다놓고 정원을 감상하기도 하는 것이다. 온천여관방에도 대개 다다미방과 장지(방과 방 사이에 칸을 막아 끼우는 문)로 나눠진 엔가와 풍의 공간이 있다. 이것은 2층보다 윗층에 있고 보통 창문밖에 없는 방이라도 마찬가지다.

본사이 ^{분재}

정성을 들인 일본 예로부터의 예술, 분재는 진선미 정신을 기본으로 한 미니어처 화분을 재배하는 것이다. 자연에 대한 경의를 일깨우는 한편, 자연을 마음대로 다루는 흥미로운 융합의 세계다. 사람들은 분재를

> **トリビア** ミニチュアの大きさって?
> 盆栽はふつう高さ2~3センチから1メートルほどで、縮尺は30分の1から80分の1くらいである。お国によっては、ミニチュアというより「ミニ」と呼んだほうが適当な、大きめの盆栽を見かけることがある。

べたり、床の間や玄関に飾ったり、展示会に出品したりする。木々——とりわけ松、けやき、杉、紅葉、桜、ひのき——の小型版をつくり上げるという発想のもと、鉢との釣り合いや美しく見えるバランスを調整し、完全に「自然な」趣をかもし出す。最近では多くの人々が、木の周りにミニチュアのフィギュアや芝を並べて楽しむミニチュア風景づくりに挑戦している。盆栽は何百年も生き続ける。この不朽のイメージが、年配者層を魅了するのだ。

熊手 / 竹ぼうき

竹は園芸用具としていまだ人気が高い。熊手(草かき)は芝生やコケ類の風通しに用いるだけでなく、落ち葉をかき集めたり、砂や砂利敷きの庭に模様を描くのにも最適である。竹ぼうきは庭や階段を掃くために使う。寺では、これを使って境内の小道を掃く修行僧の姿をよく見かける。11月、鷲(おおとり)神社の祭りである酉の市では、この熊手

> **迷信** ほうきを踏んだり、その上をまたぐのは縁起が悪いとされる。

> **미니어처의 크기는 얼마나 될까?**
> 분재는 보통 높이 2~3센티미터에서 1미터가량이고, 축척은 30분의 1에서 80분의 1 정도다. 나라에 따라 미니어처라고 부르기보다는 '미니'라고 불러도 될 만큼 큰 분재가 눈에 띄기도 한다.

일반상식

정원에 나란히 늘어놓기도 하고 도코노마(다다미방 바닥을 조금 높여서 만든 공간) 또는 현관을 장식하기도 하고 전시회에 출품하기도 한다. 나무들 —특히 소나무, 느티나무, 삼나무, 단풍, 벚꽃, 노송나무— 의 미니어처를 만든다는 발상에서, 화분과의 균형과 아름다움이 조화를 이루도록 조정함으로써 완전히 '자연스러운' 정취를 자아낸다. 최근에는 많은 사람이 나무 곁에 놓는 미니어처 피규어나 장식해서 즐기는 미니어처 풍경 만들기에도 도전하고 있다. 분재는 몇백 년에 걸쳐 전해 내려오고 있다. 이 불후의 이미지가 중년층을 매료시키는 것이다.

구마데^{고무래} / 다케보키^{대빗자루}

대나무는 원예 용품으로서 아직도 인기가 많다. 구마데는 잔디나 곡물류에 바람이 잘 통하게 할 뿐만 아니라 낙엽을 끌어모으거나 모래와 자갈이 깔린 정원의 모양을 바꾸는 데도 적합하다. 다케보키는 정원이나 계단을 쓸 때 사용한다. 절에서 이것을 가지고 경내의 작은 길을 쓸고

> 보키(빗자루)를 밟거나 그 위로 넘어가면 재수가 없다고 한다.

미신

のミニチュアが主役となる。幸運のシンボルである小判、七福神、鶴や松などを飾りつけた熊手が、大きさもさまざまに売り出される。福を「かき集める」ことができますように、というわけだ！

있는 수행 승려의 모습을 쉽게 볼 수 있다. 11월에 열리는 오토리 신사의 축제인 도리노이치에서는 구마데 미니어처가 주인공이다. 행운의 상징인 작은 금화, 칠복신, 학과 소나무 등으로 장식한 다양한 크기의 구마데가 팔리고 있다. 복을 '끌어모을 수' 있기를 바라면서 말이다.

2

家の中

和室
畳
欄間
鴨居 / ふすま / 障子
押入れ
布団
床の間
掛け軸 / 生け花
神棚
仏壇
位牌
仏具
鈴
過去帳
トイレ
風呂

2

집 안

와시츠 ^{일본식방, 다다미방}
다다미
란마
가모이 / 후스마 / 쇼지 ^{창지}
오시이레
후통 ^{이부자리}
도코노마
가케지쿠 ^{족자} / 이케바나 ^{꽃꽂이}
가미다나
부쓰단 ^{불단}
이하이 ^{위패}
부쓰구 ^{법기}
링 ^{경쇠}
가코초 ^{과거장}
토이레 ^{화장실}
후로 ^{욕조}

和室

　開放的な空間、清潔さ、幾何学的デザイン、すっきりとした空間。20世紀後半の西洋建築に多大な影響を与えた和室のもつ簡素で多目的という概念は、古くから西洋人の心をとらえてきた。とりはずし可能なふすまで仕切られた弾力性のある畳敷きの部屋。その部屋がダイニングに、仕事場に、勉強部屋に、居間に、あるいは寝室に使え

와시츠 일본식 방, 다다미방

개방적 공간, 청결함, 기하학적 디자인, 깔끔한 공간. 20세기 후반의 서양 건축에 커다란 영향을 준 일본식 방이 가진 간결성과 다목적성이라는 개념은 오래전부터 서양인들의 마음을 사로잡아 왔다. 떼어낼 수 있는 미닫이를 사용해 칸막이를 달은 탄력적인 다다미방. 이런 다다미방은 다이닝룸, 작업실, 공부방, 거실, 혹은 침실로도 사용할 수 있으니

> **トリビア** 大黒柱の名は、七福神の1人で広く親しまれている大黒さまに由来する。福と富を象徴する笑顔の神で、農民の守り神であり、いつも宝物を詰めた袋をかつぎ、足元には2つの米俵、手にはアラジンの魔法のランプに等しい黄金の槌(つち)を持っている！家族や会社を支える稼ぎ手も、ときに大黒柱と呼ばれる。

るなんて、これ以上のものがあるだろうか。

こうした魅力は今日にも引き継がれてはいるものの、部屋を家具で埋め尽くさずに済むほどの収納スペースを備えている家は少ない。日本の近代住宅に、地下室や屋根裏部屋や車庫はめったにない。また若者の多くは、畳よりも椅子の生活を好んでいる。

その家がいかに裕福で洗練されているかは、装飾的な要素や各部に用いられる木材の品質で判断できる。大黒柱と床の間を構成する床柱は、特に重要とされる。

畳

畳を敷きつめた空間はソファや椅子の表面にも匹敵する。
当然ながら、ていねいに扱われなければならない。
(日本ポケットガイド、1939)

ソフトで、清潔で、夏には涼しい。自然の香りがする畳ほど和風生活を象徴するものはない。誰かの大切な茶碗をうっかり落として

> 다이고쿠바시라라는 이름은 칠복신의 하나로 널리 알려진 다이고쿠사마에서 유래한다. 부와 복을 상징하는 웃는 얼굴의 신으로 농민들의 수호신이다. 항상 보물이 가득 담긴 주머니를 둘러매고 있고 발 밑에는 2개의 쌀가마니가 놓여 있으며 손에는 알라딘의 마법 램프 같은 황금 망치가 들려 있다. 가족의 생계를 책임지는 사람이나 회사를 든든하게 받쳐주는 사람을 다이코쿠바시라라고 부르기도 한다. — 일반상식

이 이상 더 좋은 공간이 있을까. 이런 매력은 오늘날에도 이어져 오고 있지만 방 안에 가구를 넣지 않아도 될 만큼 수납 공간을 갖춘 집은 그렇게 많지 않다. 일본의 근대 주택에는 지하실이나 옥탑방, 차고는 거의 없다. 또 젊은 사람들 대부분은 다다미방보다 의자에 앉아 생활하는 것을 좋아한다.

집이 얼마나 부유하고 세련되었는지는 장식들과 각 부분에 사용된 목재의 품질로 판단할 수 있다. 다이고쿠바시라(대들보)와 도코노마(다다미방의 바닥을 조금 높여서 만든 공간)를 구성하고 있는 도코바시라(도코노마의 기둥)는 특히 중요하게 여겨진다.

다다미

> 다다미를 깐 공간은 소파나 의자의 표면과 다를 바 없다.
> 당연한 말이지만 소중히 사용하지 않으면 안 된다.
> (일본 포켓가이드, 1939)

畳の敷き方
(다다미를 까는 방법)

4畳半(4조반)

6畳(6조)

8畳(8조)

も、畳の上なら大丈夫！

畳は、稲わらを圧縮して固めたわら床に、い草で織った畳表(おもて)をつけたもの。木綿や金襴(きんらん)織り、あるいはナイロン製の帯状のへりを縫いつける。敷けば薄く見える畳だが、実際の厚みは6センチほどあり、重いものでは1枚30キロもする。

世の中にはなかなか変化しないものもある。その1つに、部屋の広さをほかのどの計測法でもなく畳(じょう)、つまりその部屋の畳の枚数で表す伝統がある。最も一般的な広さは4畳半(基本的な茶室の広さ)、6畳、8畳、そして10畳。不動産屋では、たとえ洋室でも、アパートや戸建の間取り図に主としてこのような数字を用いる。しかし注意が必要だ。1畳およそ1.6平米(1人が横になれる広さ)が基本だが、地域によって微妙な差がある。最も広いのは京都・大阪(京間、191×95.5センチ)で、続いて名古屋(中京間、182×91センチ)、しかし東京は170×85センチ(団地間)しかない。

よくある質問

なぜサイズが違うのか？

第二次世界大戦以降、日本人の身長が高くなるにつれ畳のサイズが小さくなったのは皮肉な話である。とりわけ東京でははなはだしい！江戸時代の建築ブームを機に住宅建設の規格寸法が決められ、当時江戸と呼ばれた東京では比較的小さな畳が標準サイズ(江戸間、176×88センチ)となった。このサイズは1950年代から1960年代の戦後建築ブームまで維持され、政府は何千戸という団地を建設した。だがスペース節約のため、畳の標準サイズはさらに小さくなったのである。

부드럽고 청결하고 여름에는 시원하다. 자연의 향기를 내는 다다미야말로 일본식 생활을 상징하는 것이라고 할 수 있다. 누군가의 소중한 그릇을 실수로 떨어뜨린다고 해도 다다미 위에서라면 절대 안전하다!

다다미는 볏짚을 압축해서 굳힌 평상에 등심초로 짠 겉면을 씌워 만든 것이다. 무명이나 비단, 또는 나일론 제품의 띠를 가장자리에 꿰매어 붙인다. 깔아놓은 다다미는 얇게 보이지만 실제 두께는 6센티미터 정도이고 무게는 30킬로그램까지 나가는 것도 있다.

생활 가운데서 변화가 적은 것이 하나 있다. 그중 하나가 방 넓이를 여러 계측법을 써서 재는 것이 아니라 조, 즉 그 방의 다다미 개수로 나타내는 전통이다. 가장 일반적인 넓이는 4조 반(기본적인 다실 넓이), 6조, 8조, 10조다. 부동산에서는 서양식 방이라도 아파트나 단독주택 구조도면에 주로 이런 숫자를 사용하고 있다. 그러나 주의해야 할 것이 있다. 1조는 약 1.6평(한 사람이 누울 수 있는 공간)이 기본이지만 지역에 따라 조금씩 차이가 있다. 가장 넓은 것은 교토·오사카(교마, 191×95.5센티미터)이고, 그다음은 나고야(주쿄마, 182×91센티미터)다. 그러나 도쿄는 170×85센티미터(단치마)밖에 되지 않는다.

> **왜 크기가 다를까?**
> 흔히 제2차 세계대전 이후 일본인의 신장이 커짐에 따라 다다미의 크기가 작아졌다고 말하는 것은 비아냥거리는 소리에 지나지 않는다. 특히 도쿄에서는 정도가 좀 지나치다! 에도시대의 건축 붐을 계기로 주택 건설의 규격 치수가 정해져 있어서 당시 에도라고 불리던 도쿄에서는 비교적 작은 크기의 다다미가 표준 크기(에도마, 176×88센티미터)가 되었다. 이 크기는 1950년대부터 1960년대 전후의 건축 붐 시대까지 이어졌으며 정부는 몇천 가구의 단지를 건설했다. 공간을 절약하기 위해 다다미의 표준 크기가 더욱 작아진 것이다.
>
> *자주 하는 질문*

エチケット	畳のへりや敷居を踏んだり、その上に座ったりしないほうがよい。映画『将軍』(1980)の俳優陣に対する主な批判の1つがこれだった。
トリビア	・畳は部屋の空気を浄化するという説もある。 ・畳は部屋の出入り口に対して横になるように敷く。そうすれば、畳の目の方向と足を運ぶ方向が同じになるので傷みにくく長持ちする。 ・柔道畳はふつうの畳よりも硬いが、弾力性に優れ、すべりにくい。 ・呉服屋では、へりなしの半畳サイズの畳を敷くなど、絹の着物が畳に引っかからないよう工夫を凝らしている。 ・日本の掃除機には「畳」用の設定がついている。

　近ごろでは、「ファッショナブル」な畳作りに取り組んでいるデザイナーたちがいて、パステルカラーに染めたもの、ブルーのデニム生地のもの、子供向けにアニメのキャラクターをへりに描いたものなどを入手できる。またフローリングの床面に置いて使用する移動可能な単体の畳も人気を呼んでいる。それにしても昨今は、カーペットを敷いたり、ベッドなどの家具を置いたりして、畳がもつさまざまなメリットや魅力を台なしにしてしまう人たちが多い！

欄間

部屋の端から端まで何もない。
染みひとつない畳のほかには
まったく何もない。

다다미의 가장자리 혹은 문지방을 밟거나 그 위에 앉지 않는 것이 좋다. 영화 〈쇼군〉(1980)의 배우들에 대한 비판 가운데 대부분이 이 문제였다.	에티켓
• 다다미는 방의 공기를 정화시킨다고도 한다. • 다다미는 방의 출입문을 기준으로 해서 옆으로 간다. 그렇게 하면 다다미 결과 걷는 방향이 일치하기 때문에 쉽게 결이 상하지 않아서 오래 사용할 수 있다. • 유도 연습장의 다다미는 보통 다다미보다 딱딱하지만 탄력성이 좋고 잘 미끄러지지 않는다. • 포목전에서는 가장자리가 없는 2분의 1 크기의 다다미를 까는 등, 비단 소재의 기모노가 다다미에 걸리지 않도록 신경을 많이 쓴다. • 일본 청소기에는 '다다미'용 설정이 있다.	일반상식

요즘은 '유행을 따르는' 다다미를 만드는 데 몰두하는 디자이너들이 있어서 파스텔 톤으로 염색한 것이나 푸른색 데님으로 만든 것, 아이들 대상의 애니메이션 캐릭터를 가장자리에 그려 넣은 것도 구할 수 있다. 또 이동 가능한 것으로 거실 바닥에 깔아서 사용하는 다다미도 인기를 끌고 있다. 지금은 카펫을 깔거나 침대 같은 가구를 놓고 생활하는 바람에 다다미의 여러 장점이나 매력을 전혀 살리지 못하는 사람들이 많아졌다!

란마

방의 끝에서 끝까지 아무것도 없다.
얼룩 하나 없는 다다미 이외에
아무것도 없다.

(A・M・トンプソン、1911)

　伝統的な和室は、一見なんの装飾も施されていないように映るかもしれないが、決してそんなことはない。注目すべきは部屋を仕切るふすまのすぐ上にある装飾板、欄間(らんま)だ。中東の住宅の伝統的な特徴である格子細工の窓に似ていて、蒸し暑い日本の夏をしのぐため風通しをよくする役割があるが、部屋の装飾も兼ねる。1枚の薄い板か何枚かのパネルで構成されて、続き間の両側から眺められるようになっている。デザインは多様で、たいていは腕のたつ木彫職人の手によるものだ。幾何学模様や、動物、鳥、植物、龍(りゅう)、波などをモチーフにした透かし彫り、竹の格子細工のほか、磁器製のものまである。古い家の欄間をアンティークショップで発見できることもあるが、そのような欄間は近代住宅の魅力的なインテリアになる。

注意	欄間にはすき間がたくさんあることをお忘れなく。お家や料亭にしつらえた場合、プライバシーの保障はありません！

鴨居／ふすま／障子

　鴨居(かもい)とは、部屋に沿って張りめぐらされた横木のこと。鴨居の底面にはスライド式ドアのための溝が走り、床面の敷居にもそのドアを走らせるための溝がある。昔はろう引きした木が使用されていた

(A. M. 톰슨, 1911)

전통적인 일본식 방은 언뜻 보면 아무 장식도 없는 것처럼 보일지 모르지만 결코 그렇지 않다. 주목해야 할 점은 방을 나누는 미닫이 바로 위에 있는 장식판, 즉 란마다. 중동지역 주택의 전통적 특징인 격자세공 창과 비슷하고, 무더운 일본의 여름을 견뎌내기 위해 통풍을 도와주는 역할을 하지만 방을 꾸며주는 장식도 겸하고 있다. 얇은 판 1개 또는 판넬 몇 개로 되어 있고 방이 붙어 있는 경우 양쪽에서 다 바라볼 수 있다. 디자인은 다양하며 대개 솜씨가 뛰어난 목조 장인이 만든다. 기하학적 모양이나 동물, 새, 식물, 용, 파도 등을 모티브로 한 투각, 대나무 격자세공 이외에, 자기로 만든 제품도 있다. 낡은 집의 란마는 골동품점에서 볼 수 있지만, 이런 란마는 근대 주택의 매력적인 인테리어이기도 하다.

> 란마에는 틈이 아주 많다는 것을 잊지 말 것. 집이나 음식점에 인테리어용으로 사용했을 경우 프라이버시를 보장받을 수 없다! **주의**

가모이 / 후스마 / 쇼지 장지

가모이는 방의 형태를 따라서 둘러친 횡목을 말한다. 가모이 밑면에는 미닫이 홈이 파여 있고 바닥에 깔린 문턱에도 그 문을 열고 닫기 위한 홈이 있다. 옛날에는 문턱 홈에 납칠한 나무를 사용했지만 지금은 주로

> **注意** 鴨居やドアの高さは、今でも180センチが一般的。身長180センチ以上の方は頭上注意！

敷居の溝も、今では滑りのよいポリエチレンが主流となっている。

　ふすまは畳ほどの大きさで、厚さ2~3センチの木の板に丈夫な紙を張ったもの。一瞬にしてとりはずし、より広い空間をつくることができるので、仕切り壁として非常に機能的である。昔は、絵師たちが家に出向いてきて墨絵を描いてふすまを装飾したものだ。そうした見事なふすま絵は、美術館や古城で見ることができる。

　フルサイズあるいは窓サイズの障子は和紙を張ったスライド式の仕切りだが、カーテンの代わりに使用され、窓からやわらかな光を通す。畳に腰をおろしたまま庭を眺めることができるように、障子の下部にガラスの「窓」をはめたタイプもある。北の地方ではそれは雪見障子として知られている。

押入れ

　和室には、たいていふすまのついた押入れが1つはしつらえてある。6畳間の場合、押入れの標準サイズは、ふすまの幅や寝具を収納するスペースに合わせて、およそ幅165センチ、奥行き80センチである。押入れはふつう、頑丈な木の棚で床から80センチくらいのとこ

주의
가모이와 문의 높이는 지금도 180센티미터가 일반적이다. 키가 180센티미터 이상인 사람은 머리를 주의할 것!

폴리에틸렌을 써서 더 부드럽게 여닫을 수 있다.

후스마는 다다미 정도의 크기로 두께 2~3센티미터 나무판에 튼튼한 종이를 바른 것이다. 바로 떼어내 넓은 공간을 만들 수 있어서 공간을 나누는 벽으로서 대단히 기능적이다. 옛날에는 화공들이 집으로 와서 후스마에 수묵화를 그리기도 했다. 후스마에 그려진 이런 훌륭한 그림들은 미술관이나 고성에서 볼 수 있다.

풀사이즈 또는 창문 크기의 쇼지는 일본 고유의 종이를 바른 미닫이 칸막이로 커튼 대신 사용해 방으로 은은한 빛이 들게 한다. 북쪽 지역에서는 유키미쇼지(눈을 감상할 수 있는 장지문)라고 알려져 있다.

오시이레

일본식 방에는 대개 후스마가 달린 오시이레가 1개 정도는 설치되어 있다. 6조 방의 오시이레 표준 크기는 후스마의 폭과 침구를 수납하는 공간을 합쳐 약 165센티미터 폭, 80센티미터 깊이다. 오시이레는 튼튼한 나무 선반으로서 바닥에서 80센티미터 윗부분에 설치되어 공간이 2개로 분리되며 상단 부분의 높이는 1미터 정도다. 침구는 바닥 부분이 아니라 상단 부분에 놓는 것이 좋다. 특히 방이 1층에 있는 경우는 더욱

アイデア	寝具をしまう必要がなく、なおかつふすまをかたづけておく場所があるなら、いっそふすまをはずして、押入れを机や作業スペース、子供用ベッドにすることも可能だ。部屋が広く感じられるだろう。

ろで二層に分けられており、上段の高さは1メートルほどになる。寝具は床から離してこの上段にしまうとよい。部屋が地上階にある場合は、特にそうである。押入れの上には、天袋と呼ばれる奥行きのある戸棚が設けられていることが多い。天袋にも小さなふすまがついていて、天井の高さにもよるが、高さは平均50~60センチほどである。

　西洋式ベッドの人気がますます高まる中、押入れはあらゆるものを収納する場所となっている。棚の上部にレールを通して、シャツやパンツ、ジャケットなどをしまう一種の洋服ダンスに変えてしまうこともよくある光景だ。店では、さまざまな押入れサイズの収納ボックスが手に入る。

布団

枕がずり落ちないように、
私は必ず枕元に大きなカメラ・ケースを置かねばならなかった。
それを目にした姐さんたちは、とても愉快そうだった。
(ハーバート・G・ポンティング、1910)

> 침구를 넣을 필요가 없고, 후스마를 따로 보관할 장소가 있다면 차라리 후스마를 떼어내어 오시이레 안에 책상을 놓거나 작업 공간, 아이들 침대를 두는 공간으로 사용할 수도 있다. 방이 더 넓게 느껴질 것이다. 〈아이디어〉

그렇다. 오시이레 위에는 깊이가 꽤 되는, 덴부쿠로라고 하는 작은 벽장이 설치되어 있는 경우가 많다. 덴부쿠로에도 작은 후스마가 달려 있고, 천장 높이에 따라서 다르지만 평균 50~60센티미터 정도다.

서양식 침대의 인기가 점점 높아지고 있는 가운데 오시이레는 여러 가지 물건을 수납하는 장소로 변해가고 있다. 선반 상단에 레일을 설치해 셔츠, 바지, 웃옷 등을 걸어 일종의 옷장 역할을 하고 있는 경우도 많다. 상점에서는 다양한 오시이레 크기의 수납 박스를 살 수 있다.

후통 이부자리

> 베개가 위로 밀려 올라가는 것을 막기 위해
> 항상 머리맡에 커다란 카메라 케이스를 놓아두어야만 했다.
> 그것을 본 온천여관 직원들은 매우 재미있어 했다.
> (허버트 G. 폰팅, 1910)

'후통'이라는 말이 최근에는 영어에서도 사용되고 있지만 그것이 의미하는 바는 두터운 매트리스나 깃털을 넣은 이불, 또는 소파침대를 가

「布団」という言葉が最近は英語でも使われているが、その意味するところは厚いマットレスや羽毛の上掛け、あるいはソファベッドだったりと、かなりあいまいである。布団はさまざまなもので一式が構成される。まず薄いマットレスを床に敷き、その上にやわらかな敷布団を置く。そして敷布を広げる。さらに夏には薄手、冬には厚手の掛布団をかける。枕は硬くて小さめのものが多く、夏に涼しいとされるそば殻入りもある。敷布と掛布団の間にはタオルケットというタオル地の毛布を敷くことが多いが、冬にはそれに毛布を重ねる。

　昔から日本人は頭を北にして寝ない。死者の頭を向ける方角だからだ。しかし、このごろは部屋の構造上、特に都会では方角を選ぶ余地はないこともある。縁起をかついで、あえて北向きに寝る人々もいる。西洋人の中に意図的に数字の13を選ぶ人がいるのと同じような感覚で、そうすることが幸運をもたらすと考えているのだろう！

> **アドバイス**
> - 布団にはヘッドボードがないので、背の高い外国人の場合、夜中に枕がずり落ちてしまうことが多い。これを避けるには、100年前のポンティングのように枕の近くにバッグを置いたり、布団を壁際に寄せたりするとよいかもしれない。
> - 一般的な旅館の布団は長くても190センチしかないので、背が高い人の足がはみ出るのは当然。冬は毛布を余分にもらおう！

리키기도 해서 조금 애매하다. 후통은 여러 가지 물건으로 한 채가 구성된다. 우선 얇은 매트리스를 바닥에 깔고 그 위에 부드러운 요를 놓는다. 그리고 시트를 편다. 여름에는 얇은, 겨울에는 두꺼운 이불을 덮는다. 베개에는 딱딱하고 작은 종류가 많고, 여름에는 시원하다고 해서 메밀을 넣은 것도 있다. 시트와 이불 사이에는 타월켓[타월+블랑켓(모포)]이라고 해서 타월 천으로 만든 모포를 주로 깔지만 겨울에는 거기에 모포를 한 겹 더 깐다.

예로부터 일본인은 머리를 북쪽으로 두고 자지 않는다. 죽은 사람의 머리를 북쪽으로 두기 때문이다. 그러나 요즘은 방의 구조상, 특히 도시에서는 방향을 따질 수 없는 곳도 있다. 그럼에도 길흉을 따져가며 굳이 북쪽으로 머리를 두고 자는 사람들도 있다. 서양인 중에도 의도적으로 13이라는 숫자를 선택하는 이들이 있는 것처럼, 그렇게 하는 것이 행운을 가져다준다고 생각하는 것이다!

도움말

- 후통에는 머리판이 없기 때문에 키가 큰 외국인은 자다 보면 베개가 위로 밀려 올라가는 경우가 많다. 이렇게 되지 않으려면 100년 전 폰팅이 했던 것처럼 머리맡에 가방을 놓거나 이불을 벽에 붙여 펴는 것이 좋을지도 모르겠다.
- 일반적인 온천여관의 후통은 길어도 190센티미터 이내이기 때문에 키가 큰 사람은 발이 요 밖으로 나오는 게 당연한 일. 여름에는 모포를 하나 더 깔아두자!

床の間

床の間は
西洋の家のマントルピースにほぼ相当し、
そこには貴重な装飾品が飾られる。
(日本ポケットガイド、1939)

　「書院造」の部屋で特に目立つものは、掛け軸(絵が描かれた巻物)や生け花(フラワー・アレンジメント)を飾る、壁際につくられた床面より一段高い空間だ。ここを一般に床の間というが、構造上は無関係の床柱と呼ばれる化粧柱で2つの部分に分けられることがよくある。書院は、書斎あるいは書庫を意味する。縁側沿いにあるくぼんだ所が、書院あるいは付書院(読み物のための台)である。ここはかつて読み物や書き物をする場として使用された。

　床柱は面取りをした上質な角柱が主流だが、節つきの磨き丸太を好む人もいる。茶室では、天然の樹皮を残した丸太が特に好まれる。

エチケット	床の間にバッグを置いたり、掛け軸をよく見ようと足を踏み入れたりするのは礼儀に反する。しかし、多くの旅館では、床の間がテレビやミニ冷蔵庫の置き場所として便利なものに化している!
トリビア	「床の間」は「ベッド・スペース」と言い換えることもできる。もともとは寝るための場所だったが、やがて僧侶たちが経典やお香、ろうそくを飾って一種の神聖な場所に変えたのである。だから「床柱」は「ベッドの支柱」と言い換えてもよい!

52　「日本の衣食住」まるごと事典

도코노마

도코노마는
서양식 집의 벽난로 선반과 거의 비슷하며
그곳에는 귀중한 장식품을 놓는다.
(일본 포켓가이드, 1939)

'쇼인 식' 방에서 특히 눈에 띄는 것은 족자(그림이 그려진 두루마리)나 이케바나(꽃꽂이)를 장식해놓는 공간으로, 바닥보다 한 단 높게 해서 벽쪽에 만든다. 여기를 일반적으로 도코노마라고 한다. 구조상 관계없는 도코바시라라고 하는 장식용 기둥을 만들어 두 부분으로 나누는 경우가 많다. 쇼인은 서재 또는 서고를 의미한다. 엔가와 쪽으로 돌출된 곳이 쇼인 또는 쓰케쇼인(책을 놓는 곳)이다. 이곳은 예로부터 책을 읽거나 글을 쓰는 장소로 사용되었다.

도코바시라라고 하는 목귀 대패질을 한 질 좋은 각기둥이 주로 쓰이지만 마디가 있는 원통형 기둥을 좋아하는 사람도 있다. 다실에서는 천

도코노마에 가방을 놓거나 족자를 잘 보기 위해 발을 디디는 것은 예의가 아니다. 그러나 많은 온천여관에서 도코노마를 텔레비전이나 미니 냉장고를 놓는 장소로 편리하게 사용하고 있다.	에티켓
'도코노마'는 '침대 공간'이라고 부를 수도 있다. 원래는 취침을 위한 장소였지만 시간이 지남에 따라 승려들이 경전이나 향, 초를 장식해두는 신성한 장소로 바뀌었다. 그래서 '도코바시라'는 '침대 기둥'이라고 말할 수도 있겠다.	일반상식

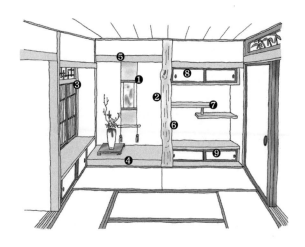

　床の間はやや一段高く設けてあり、床(畳を敷いた台座)には床框(とこかまち)(漆(うるし)塗りの横木)がある。落とし掛けと呼ばれる床柱から横わたる梁(はり)は、掛け軸をかけるフックやときには照明の目隠しとなる。柱をはさんで反対側にある床脇には、美術工芸品を飾る違い棚(互い違いに取りつけた棚)のほか、引き戸つきの天袋(上部にある小さな戸棚)と、場合によってこれまた引き戸のついた地袋(床面の戸棚)がある。書院と床脇をあわせ持つものを、本床の間という。

本床の間	혼도코노마
① 床の間	① 도코노마
② 床柱	② 도코바시라
③ 書院(または付書院)	③ 쇼인(또는 쓰키쇼인)
④ 床框	④ 도코카마치
⑤ 落とし掛け	⑤ 오토시가케
⑥ 床脇	⑥ 도코와키
⑦ 違い棚	⑦ 지가이다나
⑧ 天袋	⑧ 덴부쿠로
⑨ 地袋	⑨ 지부쿠로

연 나무껍질을 그대로 남긴 원통형 기둥을 사용하는 편이다.

도코노마는 한 단 정도 조금 높게 만들어져 있고 도코(다다미를 깐 바닥)에는 도코카마치(옻칠한 횡목)가 있다. 오토시가케라고 부르는, 도코바시라에서 가로질러 있는 들보는 족자를 거는 고리나 때로는 조명 가리개가 되기도 한다. 기둥을 중심으로 반대측에 있는 도코와키(도코노마의 옆)에는 미술 공예품을 놓아두는 지가이다나(서로 다른 위치에 설치한 선반) 외에 후스마가 달린 덴부쿠로(상부의 작은 벽장)와 경우에 따라서는 후스마가 달린 지부쿠로(바닥에 면한 벽장)가 있다. 쇼인과 도코와키가 다 설치되어 있는 경우 혼도코노마라고 부른다.

掛け軸/生け花

　掛け軸には、縦長の絵と、見事な書を表したものとがある。ふつう季節感のあるものを選び、一度に一幅だけ床の間に飾る。ふだんは巻き上げて、専用の箱にしまっておく。

　やはり季節感が重視される生け花は、床の間の床面である床に飾る。床面はふつう畳敷きである。香炉、あるいは高価な石や彫刻などの貴重な装飾品なども飾られる。

エチケット	床の間のある和室に入るときは、座る前に、飾ってある生け花や掛け軸を称賛することだ。あなたが主賓なら、床の間を背にしてその正面に座るよう促され、あなた自身も部屋を飾る装飾の一部となるだろう。とはいえ、これはあなたに飾り物と同じほどの値打ちがあるというのではなく、家人の慎み深さのあらわれであって、ひけらかすことを好まないということを示唆しているのだ。しかし、これでは食事中は床の間を見ることができない。おそらく、何もない壁を見つめるしかないだろう！

神棚

　かつての住宅や店舗、料理店、学校はたいてい、太陽神である天照大神をはじめとする神道の神々を祀る神棚を少なくとも一箇所は設けていた。今もこの風習は広く健在だが、決して誰もが行うわけではない。

　神棚は、ふつう客間の頭上に東または南向きにして祀られる。棚

가케지쿠^{족자} / 이케바나^{꽃꽂이}

가케지쿠에는 세로 그림과 훌륭한 글귀를 적어 놓은 서예 작품 등이 있다. 보통 계절을 느낄 수 있는 것을 선택해서 한 번에 작품 1개만 도코노마에 장식한다. 걸어두지 않을 때는 말아서 전용 상자에 보관한다.

역시 계절감을 잘 나타내는 이케바나는 도코노마의 바닥면인 도코에 장식한다. 바닥면에는 대체로 다다미를 깐다. 향로 또는 값비싼 돌이나 조각 등의 귀중품 등을 놓아두기도 한다.

> **에티켓**
>
> 도코노마가 있는 다다미방에 들어갔을 때는 앉기 전에 장식된 이케바나나 가케지쿠를 칭찬한다. 당신이 주빈이라면 도코노마를 등지고 그 앞에 앉도록 권유받을 것이고, 당신 그 자체가 방을 꾸미는 장식품의 일부가 될 것이다. 이 말은 당신에게 장식품과 같은 가치가 있다는 것이 아니라 집주인이 가케지쿠나 아름다운 이케바나를 과시하고 자랑하는 사람이 아니라는 뜻이다. 그러나 그렇게 앉아 있으면 식사 중에는 도코노마를 볼 수 없다. 아마 아무것도 없는 벽을 바라볼 수밖에 없을 것이다!

가미다나

예전에는 주택, 점포, 음식점, 학교에서 대부분 태양신 아마테라스 오미카미를 포함해 신도의 신들을 모시는 가미다나를 적어도 한 군데에는 마련해놓았다. 지금도 이런 풍습은 널리 퍼져 있지만 결코 모든 사람이 행하고 있지는 않다.

가미다나는 보통 응접실 벽의 윗부분, 동쪽이나 남쪽으로 설치해 모

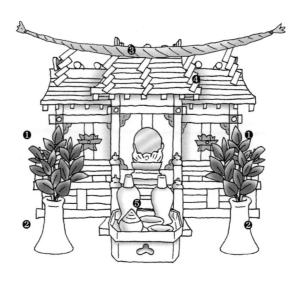

の上には、扉が1つの一社造り、あるいは3つの三社造りどちらかのミニチュアの木製の神殿を置き、伊勢神宮など神社のお札をここに納める。両側には神聖な榊の小枝を榊立(さかきたて)に入れて飾る。さらに上にはしめ縄と四手(しで)を張る。

　毎朝食事の前に、米、水、塩、酒、ろうそく、果物など、さまざまな神饌(しんせん)をお供えする。お供えした食べ物は、あとで食べてもよい。お供えが済んだら二礼・二拍手・一礼をし、お祀りしている神に感謝の意を表す。

　台所に大黒天など、しかるべき場所に自分たちに近しい神を祀る棚を設ける家もある。正月や盆には一時的な神棚が設けられる。

神棚(三社造り)	가미다나(산샤즈쿠리)
① 榊	① 사카키
② 榊立	② 사카키 다테
③ しめ繩	③ 시메나와
④ 四手	④ 시데
⑤ 神饌	⑤ 신센

신다. 선반 위에는 문이 1개인 잇샤즈쿠리 또는 3개인 산샤즈쿠리의 목제 미니어처 신전을 두고 이세신궁 등 신사의 부적을 여기에 넣어둔다. 양측에는 신성한 사카키(비쭈기나무) 잔가지를 사카키 다테(비쭈기나무를 꽂아두는 병)에 넣어서 장식한다. 또 위에는 시메나와(금줄)와 시데(인줄)를 매달아 놓는다.

매일 아침 식사 전에 쌀, 물, 소금, 술, 초, 과일 등 여러 가지 신찬(신에게 드리는 음식)을 바친다. 바쳤던 음식은 나중에 먹어도 괜찮다. 공양이 끝나면 두 번 절하고, 두 번 박수 치고, 한 번 절해서, 모시는 신에게 감사의 뜻을 나타낸다.

적당한 장소에 자신들의 일상생활과 밀접한 신을 모시기 위해 부엌에 다이고쿠사마(부와 복을 상징하는 웃는 얼굴의 신으로 농민들의 수호신) 신전 등을 설치한 집도 있다. 정월이나 오봉(일본 최대의 명절, 매년 양력 8월 15일)에는 한시적으로 가미다나를 만들어놓기도 한다.

仏壇

　日本では神道と仏教が共存している。仏教は特に来世と結びついていて、先祖の霊は神格化された存在として家に住み続ける。仏壇は、精巧につくられたキャビネット型の仏教徒の家庭用祭壇で、あの世にいる死者との接点の役割を果たす。内部に照明を備えた扉付きの特別な戸棚の中に置いて、大切な部屋の一角に設置することが多い。

　仏壇の中央には、仏陀あるいは慈悲の女神・観音の像が置かれる。仏具には花立て、香炉、金属製の蓮の華である常花(じょうか)、水入れ(茶湯器あるいは華瓶(けびょう)とも呼ぶ水を供えるための容器)、食事を供える仏飯器(ぶっぱんき)、火立て(燭台)などがある。火立てには、長寿のシンボルとされる鶴と亀をかたどったものもある。仏具の配置は宗派によって多少異なる。

　仏壇が現在の形となったのは江戸時代、どの家庭にも菩提寺(ぼだいじ)があったころのことだ。もともとは非常時にも持ち運べるようにデザインされたが、今では大きさも豪華さの度合いもさまざまだ。中には漆を厚く塗ったものや金箔(きんぱく)をはったもの、蒔絵(まきえ)が施されたものもある。唐木と呼ばれる日本原産でない重厚な木材でつくられる仏壇もある。お金がかかるため、家で一番の高級品となることもある。中

| 風習 | 家を新築するときには仏壇や神棚の置き場所について入念に話し合いが行われる。上階の床を歩くとき、下の階にある仏壇や神棚の真上を歩くことがないようにするためだ。 |

부쓰단 불단

일본에서는 신도와 불교가 공존하고 있다. 불교는 특히 내세와 관련이 있고 선조의 혼은 신격화된 존재로서 자신의 집에 계속 머물고 있다. 불단은 정교하게 만들어졌으며 캐비닛 형태로서, 불교 신자를 위한 가정용 제단이다. 돌아가신 분들과 접점 역할을 한다. 문이 달린 특별한 장 안에 불단을 설치하며 이 장 내부에는 조명이 달려 있다. 집 안에서 중요한 방의 한쪽에 놓아두는 경우가 많다.

불단의 중앙에는 부처님 또는 자비의 여신인 관음상이 놓여 있다. 법기에는 하나다테(꽃을 꽂아두는 통), 향로, 금속제 연꽃인 상화(불전에 공양하는 꽃), 미즈이레(자토키 또는 게뵤라고 부르며 물을 바치기 위해 사용하는 용기), 식사를 올리기 위한 탁잣밥기, 히타테(촛대) 등이 있다. 히타테에는 장수의 상징인 학과 거북이를 새겨넣은 것도 있다. 법기의 배치는 종파에 따라 조금씩 차이가 난다.

불단이 현재 형태로 만들어진 것은 에도시대로, 어느 가정에도 조상묘와 위패를 모신 절이 있었던 시절이다. 원래는 비상시에도 운반할 수 있도록 디자인되었지만 지금은 크기도 화려함도 다양해졌다. 그중에는 옻칠을 두껍게 한 것이나 금박을 입힌 것, 금칠한 그림이 그려진 것도 있다. 일본산이 아닌 가라키라고 부르는 중후한 목재로 만들어진 불단

> 풍습
> 새로 집을 지을 때는 불단과 가미다나를 놓을 장소에 대해서 신중하게 의논한다. 위층 거실에서 걸을 때 아래층에 있는 불단과 가미다나의 바로 위를 걷는 일이 없도록 하기 위해서다.

には代々引き継がれていくものもある。

仏壇・仏具の専門店は多く、ネット販売も増えつつある。

位牌

仏壇には、亡くなった家族の戒名(死後に与えられる名前)を記した位牌(いはい)を置くことが多い。ただし中央ではなく、右側に置かれる。人が死ぬと、その戒名は白木の位牌に記され、魂がこの世とあの世でさ迷っているとされる49日間はそのままで、その後、漆塗りの本位牌に替えられる。法要の日には、僧侶が招かれて経(きょう)をあげるほか、死者が生前に好んだ食べ物や飲み物が仏壇に供えられる。

仏具

デザインはもちろん、材質——木、銅、真ちゅう、金、プラスチックなど——も価格も豊富なさまざまな仏具(仏壇飾り)が登場している。三具足とは、燭台(暗闇を照らす仏の智慧)、花(徳)、香(仏の慈悲を広げる)の基本的な3つの仏具をいう。五具足は、火立て(燭台)2つと、花立て2つと、香炉1基の一式を指す。香炉は短い脚のついた金属製あるいは青磁の器で、線香(スティック状の香)をたくために灰が

도 있다. 값이 비싸기 때문에 집에 있는 물건 가운데 가장 고급품이 되기도 하고, 대대로 물려받아 사용하는 경우도 있다.

불단, 법기를 파는 전문점은 많으며 인터넷 판매도 늘고 있는 추세다.

이하이 위패

불단에는 보통 돌아가신 가족의 가이묘(죽은 후 붙이는 이름)를 쓴 위패를 모신다. 놓는 장소는 중앙이 아니라 오른쪽이다. 사람이 죽으면 가이묘는 나무 위패에 새긴다. 영혼이 이승과 저승 중간쯤에서 떠돌고 있다고 여겨지는 49일간은 그대로 두고 그 후에 옻칠을 한 위패로 바꾼다. 법요날에는 승려를 초대해 경을 읊거나 죽은 자가 생전에 좋아했던 음식과 음료를 불단에 올린다.

부쓰구 법기

디자인은 물론 재질 —나무, 청동, 놋쇠, 금, 플라스틱 등— 도 가격도 풍부하고 다양한 법기(불단을 장식하는 용품)가 등장하고 있다. 3구족은 촛대(어둠을 밝히는 부처의 지혜), 꽃(덕), 향(부처의 자비를 널리 퍼뜨림)으로 이루어진 기본 법기를 말한다. 5구족은 히타테(촛대) 2개와 하나타테(꽃을 꽂아두는 통) 2개, 향로 1개로 된 세트를 가리킨다. 향로는

入っている。東京・浅草の浅草寺など、寺にある大きな香炉を常香炉というが、その小型版のようなものだ。線香は線香差しと呼ばれる線香立てに入れておく。昔は、ろうそくの火は火打石でつけていたが、今ではマッチが使われる。ろうそくの火は吹き消してはいけない。手であおいで消すこと。しかし火事の危険性から、最近は電気ろうそくが一般的になっている。

三具足(3구족)

豆知識　仏壇のある部屋には、真面目な顔をした先祖の古い写真がいくつも飾られていることがある。鼻につくほど線香の香りが漂うそのような客間で就寝することになった外国人には、いくぶん寝心地が悪い思いをする人もいる。

짧은 다리가 달린 금속제 또는 청자기로, 센코(막대 상태의 향)에 불을 붙이기 위해 재를 넣어두었다. 도쿄의 아사쿠사 센소지에 등에 있는 커다란 향로를 조코로라고 하는데 이것의 작은 형태라고 볼 수 있다. 센코는 센코사시라고 하는 용기에 넣어둔다. 옛날에는 초에 불을 붙일 때 부싯돌을 사용했지만 지금은 성냥을 쓴다. 촛불은 불어서 끄면 안 되고 손으로 저어서 끈다. 그렇지만 화재 위험성이 있기 때문에 최근에는 대체로 전기 촛불을 사용하는 편이다.

五具足(5구족)

> 불단이 있는 방에는 진지한 표정을 한 선조들의 옛 사진이 몇 장씩 놓여 있다. 코를 찌를 듯한 향 냄새가 퍼져 있는 객실에 외국인이 머무는 경우, 잠자리가 아주 불편한 경험을 하는 사람들도 일부 있다.

토막상식

鈴

　金属製の鈴(りん)は丸いお椀形で、小さなクッションの上に置く。寺にある鈴の小型版である。仏壇に手を合わせるたびに、これを専用の棒で鳴らす。最初にろうそくに火もしくは明かりをつけ、線香を供えて、鈴を鳴らす。それから一礼し、手を合わせて先祖に祈りを捧げる。家族のうれしいニュースを報告することもあるだろう。仏前には季節の花や食べ物がしばらく供えられ、先祖が象徴的に楽しむことができるようにする。客からのいただき物も同様だが、肉や魚は供えない。

過去帳

　過去帳とは、その仏壇にまつってある死亡した家族の名前を記録した小ぶりの名簿。見台(けんだい)(書物を載せて読むためのミニチュアの台)に載せることがしばしばだ。一族の名前を小さな掛け軸に記し、仏壇の側面につるしておく家もある。

링 경쇠

금속제 경쇠는 둥그런 주발 모양으로 작은 쿠션 위에 놓아둔다. 절에 있는 경쇠의 소형판이다. 불단 앞에서 손을 모을 때마다 이 경쇠를 전용 봉으로 친다. 처음에는 초에 불을 붙이거나 전기 초를 켠 다음 막대 향을 올리고 경쇠를 울린다. 그다음에 한 번 허리를 굽혀 절하고 손을 모아 선조에게 기도를 올린다. 가족에게 생긴 기쁜 소식을 보고하기도 한다. 제단 앞에는 그 계절에 피는 꽃이나 음식을 얼마간 올려 선조가 즐길 수 있도록 한다. 손님에게 받은 것도 마찬가지지만 고기와 생선은 올리지 않는다.

가코초 과거장

과거장은 불단에 모신, 돌아가신 가족의 이름을 기록한 조금 작은 크기의 명부다. 겐다이(읽을거리를 얹어놓고 읽을 수 있는 미니어처 받침대)에 올려놓는 것이 보통이다. 일족의 이름을 조그마한 족자에 기록해서 불단 측면에 걸어두는 집도 있다.

トイレ

日本の家屋では、しばしば便所にも
職人芸が活かされている。
(エドワード・モース、1886)

　近代の和式トイレは非常にシンプルなデザインで、床に陶器または金属製の便器が置かれているだけだ。この便器には金隠しと呼ばれるドーム型のフードがついており、これに向き合う姿勢で使う。床より一段高く据えてあることが多いのは、男性が小用のとき使いやすいようにとの配慮だ。さもなければ、便器の上にできるだけ低くしゃがみ込まなければならない。これが外国人や、日本人でも若い人には非常にむずかしい。バランスを保つため、前方につかまる棒がある場合もあるが、これには相当に用心しなければならない。あまり体重をかけると、この棒が壁からはずれてしまうおそれがある！

　昨今では、日本にも洋式トイレが増えてきた。都会であれば、公共の建物や旅館、料理店などにはたいてい1つ以上の洋式トイレがあるから、和式トイレを使用せずにすむかもしれない。しかし田舎に

アドバイス
- 洋式トイレに慣れた外国人は、和式トイレで用を足すときにドアのほうを向きがちだが、必ず金隠しドームに正対すること！
- しゃがむのが苦手なら、最初にズボンやスカート、下着をみんな脱いでしまってから始めるのも手である。

토이레 ^{화장실}

일본식 집에서는 종종 변소에도
장인의 솜씨가 살아 숨쉰다.
(에드워드 S. 모스, 1886)

    근대 일본식 토이레는 굉장히 단순한 디자인으로 바닥에 도기 또는 금속제 변기가 놓여 있을 뿐이다. 이 변기에는 긴카쿠시라고 하는 돔 형태의 커버가 달려 있고 이것을 바라보는 자세로 사용한다. 주로 바닥보다 한 단 높게 설치하는 이유는 남자들이 소변을 볼 때 사용하기 편리하게 하기 위해서다. 그렇지 않으면 변기 위에서 가능한 한 낮은 자세를 취해야만 한다. 이것은 외국인이나 젊은이에게는 굉장히 어려운 일이다. 균형을 유지하기 위해 전방에 잡을 수 있는 봉이 설치되어 있기도 하지만 주의해야만 한다. 체중이 쏠리면 봉이 벽에서 빠질 수도 있기 때문이다!

    지금은 일본에도 양식 토이레가 많이 늘었다. 도시에는 공공건물, 온천여관, 음식점 등에 대개 1개 이상의 양식 토이레가 있으므로 일본식 토이레를 사용하지 않고 볼일을 볼 수 있을 것이다. 그러나 시골에 가면

도움말
- 양식 토이레에 익숙한 외국인은 일본식 토이레를 사용할 때 문쪽을 보고 서기 쉽지만 반드시 긴카쿠시를 마주 볼 것!
- 쭈그리고 앉는 것이 힘들다면 처음부터 바지나 치마, 속옷을 모두 벗고 볼일을 보는 방법도 있다.

行くと、まだまだ洋式トイレは少ないし、水洗式でない家も多く残っている。

　日本は今や、世界で最も先進的な洋式トイレの製造国となった。それは大手メーカーの商標をそのまま借りて「ウォシュレット」と呼ばれており、個人の家庭に広く普及している。便座を暖める機能や、調節可能なビデとお尻洗浄機能に加え、温風乾燥や自動水洗、便座と便座カバーの自動開閉、脱臭、健康センサー、模擬水洗音などの機能もある。暗闇で光るタイプや、エアコンつきのタイプもある。

風呂

月日の経過とともにどんな変化があろうとも
暖かい風呂だけは決して変わらないことを願おう。
日本の風呂は健康を運んできてくれる優れものだ。
(アーサー・ロイド、1906)

　和風式の風呂と風呂場は極めて機能的である。浴槽そのものは身体を洗う場というよりは、身体を暖め、毛穴を広げてリラックスする場だ。浴槽の形やサイズはさまざまで、素材も心地よい香りのする伝統的なひのきからステンレス、新しい合成素材まで多岐にわたる。座った姿勢で首まで湯につかれる昔風の四角い箱型もあれば、

아직도 양식 토이레 수가 적고 수세식이 아닌 집도 많이 남아 있다.

일본은 이제 세계에서 가장 앞선 양식 토이레 제조국이다. 그 양식 토이레는 유명 메이커의 상표를 그대로 따서 '워시렛'이라고 부르며 각 가정에 널리 보급되어 있다. 변좌를 따뜻하게 하는 기능, 비데 조절 기능, 엉덩이 세정 기능에 더해 온풍 건조, 자동 세정, 변좌와 변좌 커버의 자동 개폐, 탈취, 건강 센서, 에티켓 벨 등의 기능도 있다. 어두운 곳에서 빛나는 것이나 에어컨이 달린 것도 있다.

후로 욕조

세월이 지남에 따라 어떤 변화가 올지라도
따뜻한 욕조만은 결코 바뀌지 않기를 바란다.
일본 욕조는 건강을 지켜주는 훌륭한 문화다.
(아서 로이드, 1906)

일본식 욕조와 욕실은 매우 기능적이다. 욕조는 몸을 닦기 위한 곳이라기보다는 몸을 따뜻하게 하고 모공을 넓혀 긴장을 풀고 쉴 수 있는 장소다. 욕조의 형태와 크기는 다양하며, 소재도 마음이 편안해지는 향기 나는 전통 노송나무부터 스테인리스, 새로운 합성수지까지 다양하다. 앉은 자세로 목까지 담글 수 있는 옛날 풍의 사각형 상자 종류도 있고 서양식으로 깊이가 얕고 길이가 긴 종류도 있다. 어느 쪽이든 몸은 욕조

西洋風の浅くて横長のタイプもある。いずれにせよ、身体を洗うのは浴槽の中ではなく、外の洗い場だ。たいてい、そこにはシャワーもついている。洗い場は水が漏れないように目張りされているので、水がどこに飛び跳ねても大丈夫だ。昔は床も壁もタイル貼りが主流だったが、最近のアパートやホテルによく見かける組み立て式「ユニットバス」の場合、風呂全体がプラスチックやガラス繊維のプレハブ式で造られている。洗い場では、たいてい木製かプラスチック製の風呂椅子に腰かけて身体を洗う。風呂椅子も形やサイズはさまざまで、脚や背中に支障がある人のために背もたれのついたタイプもある。

　もともと浴槽に入る前に身体を洗うのが原則だから、浴槽で石けんを使うことはなく、風呂の湯は2人以上が使え、後で暖めなおして使うことも可能だ。ポリスチレンやプラスチック、木などでできた風呂ふたは、湯を使った後に浴槽を覆い、温度を保つために使われる。最近は、湯を温め直す温度自動調節器や、湯量や湯温を一定レベルに保つ装置が付いている風呂が多い。プラスチックや金属、あるいは木でできた小型の洗面器や手おけは、洗い場で身体を洗ったりすすいだりするときに使う。手おけは、浴槽から湯をくんで、身体にかけるときにも使える。

アドバイス
- 銭湯では、浴槽内でタオルを使わないこと。
- 浴槽に入る前に必ず湯の温度を確かめること。時として非常に熱いこともある！

안이 아니라 밖으로 나와 닦는다. 대개 욕실에는 샤워기가 달려 있다. 욕실은 물이 새지 않도록 봉해놓기 때문에 물이 여기저기 튀어도 괜찮다. 예전에는 바닥에도 벽에도 타일을 바르는 것이 주류였지만 요즘 아파트나 호텔을 보면 '유닛배쓰(unit+bath)'가 눈에 잘 띈다. 이것은 욕실 전체를 플라스틱이나 유리 섬유로 조립한 형태다. 욕실에서는 대개 나무, 혹은 플라스틱 제품 의자에 앉아 몸을 씻는다. 욕실 의자도 모양과 크기가 다양하며 다리나 등이 불편한 사람들을 위해 등받이가 달려 있는 것도 있다.

욕조 물은 두 사람 이상이 사용하므로 원래 욕조에 들어가기 전에 비누로 몸을 씻고 들어가는 것이 원칙이고, 다시 물을 따뜻하게 데워서 쓰기도 한다. 폴리스틸렌, 플라스틱, 나무 등으로 만들어진 욕조 커버는 욕조 물을 사용한 후 온도를 유지하기 위해 덮어놓는다. 최근에는 물을 다시 데우는 온도 자동 조절기나 물의 양과 온도를 일정 수준으로 유지하는 장치가 달린 욕조가 많다. 플라스틱, 금속, 또는 나무로 만들어진 소형 대야와 바가지는 욕실에서 몸을 씻거나 헹굴 때 사용한다. 바가지는 욕조에서 물을 퍼 몸에 끼얹을 때도 쓸 수 있다.

또 욕실 밖에는 보통 탈의 장소가 있고 옷을 넣어둘 바구니가 준비되

도움말
- 욕실에서는 욕조 안에서 타월을 사용하지 말 것.
- 욕조에 들어가기 전에는 반드시 물 온도를 확인할 것. 가끔 엄청나게 뜨거울 수도 있다!

また風呂場の外には、ふつう脱衣所があり、衣服を入れておく籠が備えてある。たいていの人たちは、身体を洗うときや、風呂からあがって身体を拭くときは、軽くて細長いボディタオルを使う。その後、通常の厚手のバスタオルを使う。

어 있다. 대개 사람들은 몸을 씻거나 욕실에서 나와 몸을 닦을 때 가볍고 폭이 좁고 긴 보디타월을 쓴다. 그 후 두꺼운 목욕타월로 다시 닦는다.

3

家具

和だんす
座椅子
座布団
ちゃぶ台
こたつ

3

가구

와단스 일본식 장
자이스 좌의자
자부통 방석
자부다이 소반
고타쓰

和だんす

家具はそこにないことでかえって際立つ。
(バジル・ホール・チェンバレン、1904)

　日本では昔から、さまざまな衣装箱や引き出し、戸棚が製造されてきた。これらをまとめてたんす、あるいは和だんす(和=日本式)と呼び、くぎも接着剤も使わずに組み立てるのが通例だ。たんすは可能なかぎり視界に入らない場所に置かれた。今ではほとんど西洋式のチェストや洋服だんすにとって代わられたが、伝統的な家具は日本の気候風土や生活様式に合うようにデザインされている。たとえば、きりだんすは衣類の収納によく使われるが、それはきりの木が湿気のせいでそるということがないからだ。また着物は引き出しやたんすに折りたたんで入れるので、日本の伝統家屋では、背の高いワードローブは必要とされなかった。

　さまざまなタイプの古い和だんすは、磨かれた木材と見事な金具や取っ手から構成されており、洋風のインテリアに気品を添えるものとして外国人に人気がある。そのような和だんすには、引き出しやスライド式のドアがついた大きな水屋と呼ばれる食器棚や、淡い色合いのきりだんす、また17世紀の船長たちが使った船だんすなどがある。船だんすは、重厚な金属製の鍵がついた飾りだんすである。箱階段、あるいは階段だんすともいうが、これも興味深い。その昔、

와단스 ^{일본식 장}

가구는 그곳에 놓여 있지 않기 때문에 오히려 더 눈에 띈다.
(바실 홀 체임벌린, 1904)

일본에서는 예로부터 다양한 옷장, 서랍장, 장이 만들어져 왔다. 이것들을 전부 단스 또는 와단스(와=일본식)라고 부르며 못이나 접착제를 사용하지 않고 조립하는 것이 일반적이다. 단스는 가능한 한 시야에 들어오지 않는 장소에 놓아두었다. 지금은 대부분 서양식 체스트(의류, 귀중품 등을 수납하는 장)나 양복장으로 바뀌었지만 전통적인 가구는 일본 기후와 풍토, 생활양식에 맞게끔 디자인되어 있다. 예를 들면 기리단스(오동나무 장)에는 주로 의류를 수납한다. 오동나무가 습기 때문에 휘는 일이 없기 때문이다. 또 기모노는 서랍이나 장에 접어서 넣어두기 때문에 일본 전통 가옥에서 세로로 긴 옷장은 필요하지 않았다.

다양한 종류의 고목 단스는 광택을 낸 목재, 훌륭한 쇠장식과 손잡이로 구성되어 있으며 서양식 인테리어에 기품을 곁들여 주어 외국인에게 인기가 있다. 이런 와단스에는 서랍이나 미닫이가 달리고 커다래서, 미즈야라고 부르는 식기장과 연한 색깔의 기리단스, 또 17세기 선장들이 사용한 후나단스 등이 있다. 후나단스는 중후한 금속제 열쇠가

トリビア	・昔は、女の子が産まれたらきりの木を植えるならわしがあった。十代で嫁ぐときには、その木でたんすをつくったものだという。 ・からくりだんす(または忍者だんす)には、秘密の収納部やいろいろなからくりが仕掛けられている。
注意	大型の伝統家具は、最近のものも含め、運搬時に狭いドアや階段を通り抜けやすいよう、たいてい2つか3つのパーツに分かれている。壁に固定したり突っ張り棒で支えていないと、大きな地震が来た場合、ばらばらに崩れ床に倒れる危険がある。できるならその前では寝ないように！

日本にはつくりつけの階段のない家が多く、代わりに多目的使用の移動可能な木製家具をいくつか積み重ねて、勾配(こうばい)の急な階段として、また組み込み式の戸棚として使っていたのである。ほかにも、重いたんすの底に車輪をつけた車だんすもある。火事のときに手早く運び出せるようにという配慮だ。これは、今日の押し入れ用車付きプラスチック製収納ボックスに生かされている。

座椅子

今でも日本人の多くは、あぐらをかいたりひざを折って正座した姿勢で、長時間、平気で座っていられる。しかし畳用の脚なし椅子である座椅子を使うことで、畳に座る快適度が大いに向上した。座椅子は木または布張りの座面と背当てからなる。座面には座布団を敷いて使うことが多い。中にはひじ掛けのついた座椅子もある。部屋

• 옛날에는 여자아이가 태어나면 오동나무를 심는 관습이 있었다. 아이가 십 대가 되어 결혼할 때 그 나무로 단스를 만들었다고 한다. • 가라쿠리단스(또는 닌자단스)에는 비밀 수납공간이나 여러 가지 장치가 설치되어 있다.	일반상식
최근 것들을 포함해, 대형 전통가구는 운반할 때 좁은 문이나 계단을 쉽게 통과할 수 있도록 대개 2개 또는 3개 부분으로 나눠져 있다. 벽에 고정시키거나 버팀대로 받쳐놓지 않으면 큰 지진이 발생했을 때 무너져 내릴 위험성이 있다. 가능하면 그 가구 앞에서는 잠자지 않도록 할 것!	주의

달린 장식장이다. 하코카이단 또는 가이단단스라고도 하는데 이것도 매우 흥미롭다. 그 옛날 일본에는 붙박이 층층대가 없는 집이 많았고, 대신 다목적으로 쓰는 이동 가능한 목제 가구를 몇 개씩 쌓아 올려 경사가 심한 층층대 또는 조립식 장으로 사용해왔다. 이 외에도 무거운 단스 밑에 바퀴를 붙인 구루마단스도 있다. 불이 났을 때 빨리 이동시킬 수 있도록 하기 위한 배려다. 이것은 오늘날 오시이레 전용의 바퀴 달린 플라스틱 수납 박스에 활용되고 있다.

자이스 좌의자

지금도 많은 일본인은 책상다리를 하고 앉거나 무릎을 굽혀 정좌한 자세로 긴 시간 동안 아무렇지도 않게 앉아 있을 수 있다. 그러나 다다미용으로 만든 다리 없는 의자인 자이스를 사용함으로써 다다미에 앉아 있는 쾌적함이 크게 향상되었다. 자이스는 나무 또는 천을 씌워놓는 자

| 豆知識 | 時代劇で、重要な役どころの人物が、ひじ掛け——移動可能な脚つきのパッド入り——を傍らに置いて使うシーンをよく見かけるだろう。
このひじ置きは現在も少量ながら製造されており、古いものをときどき骨董店で見かけることができる。 |

の中央に脚を伸ばすための穴を掘った掘りごたつがあると、とりわけ楽になるが、背の低いテーブルしかないと、脚の長い人には座り心地がやや悪くなる。料理店の畳の部屋では、テーブルが低すぎて座ることができない外国人が多い。なお和風旅館に泊まると、たいてい座椅子が用意されている。

座布団

畳での暮らしに座布団は欠かせない。ほぼ正方形の形をしており、伝統的に木綿か絹の袋に綿が詰められ、四隅にちょっとした飾りのふさがついていることもある。今はとりはずして洗えるカバーのついたものや、合成樹脂を詰めたものも製造されており、色やデザインも多彩だ。大きさはほぼ同じなので、使わないときは、部屋の片隅に積み重ねておいたり押入れにしまうことができるので便利だ。日本の料理店や旅館の畳の部屋(座敷)に用意されているが、安めのと

> **토막상식**
>
> 사극에서 중요한 역할을 맡은 사람이 좌식 팔걸이 ―옮길 수 있으며 딱딱한 패드에 다리가 달려 있다― 를 옆에 두고 쓰는 장면을 종종 볼 것이다. 이 좌식 팔걸이는 지금도 적은 양이지만 제조되고 있고, 옛 물건들은 가끔 골동품점에서도 발견할 수 있다.

리 부분과 등받이로 이루어져 있다. 앉는 자리에는 방석을 깔고 사용하는 경우가 많다. 그중에는 팔걸이가 달린 자이스도 있다. 방 한가운데에 다리를 뻗기 위한 구멍을 파서 만든 호리고타쓰가 있으면 편하겠지만 낮은 탁자밖에 놓여 있지 않다면 다리가 긴 사람은 앉아 있는 것이 조금 불편할 것이다. 음식점 다다미방의 탁자가 너무 낮아서 앉을 수 없는 외국인이 많다. 또 일본식 온천여관에도 보통 자이스가 준비되어 있다.

자부통 ^{방석}

다다미 생활에서는 자부통을 빼놓을 수 없다. 거의 정사각형 형태이고 전통적으로 무명이나 명주 커버 속에 솜을 넣고 네 귀퉁이에 간단한 장식으로 술을 달아놓은 것도 있다. 지금은 벗겨서 커버를 세탁할 수 있는 것이나 합성수지를 넣은 것도 만들어지고 있으며 색이나 디자인도 다양하다. 크기는 거의 비슷하므로 사용하지 않을 때는 방 한구석에 쌓아놓거나 오시이레 안에 넣어둘 수 있어서 편리하다. 일본 음식점이나 온천여관 다다미방(좌식)에 준비되어 있으며 저렴한 곳의 얄팍한 것에서부터 고급스러운 장소의 푹신푹신한 것까지 다양하다.

> **トリビア**
>
> 「座」という漢字は、英語の「seat」に相当する。この漢字は劇団名(文学座やアルビオン座など)や劇場名(歌舞伎座など)によく使われる。椅子であれ座布団であれ、いずれも座る場所がたくさんあるからだ。また「座」は地名にも登場する。たとえば東京の「銀座」は、文字どおり「silver seat」の意で、17世紀初頭に銀貨の鋳造所があったことに由来する。

ころの薄っぺらいものから高級なところのふかふかしたものまで、いろいろな座布団がある!

たいていの日本の家具調度品と同様に、標準的なサイズが決まっており、昔からある八端判は59×63センチ、マンション団地サイズの銘仙判は55×59センチで、この2つのサイズが一般的である。ふつう5枚ひと組で販売されている。

ちゃぶ台

本来、日本の畳の部屋に大きなテーブルは置かれていなかった。食事は、脚つきで装飾を施した小型のトレイ(膳)に載せ、それを各人の前に置いて供したものだ。今でも旅館のフォーマルな宴席では、このスタイルで食事が供される。外国人の多くにとって、これはけっこうきついものである。脚を伸ばす場所がないし、正座したまま食べるのはとてもむずかしいからだ。膳は、料理を載せたままでも積み重ねられるように設計されているので、運ぶにも保管してお

> '座(자)'라는 한자는 영어의 '앉다'에 해당한다. 이 한자는 극단 이름(분가쿠자, 알비온자)이나 극장 이름(가부키자 등)에 자주 사용된다. 의자이기도 하고 자부통이기도 한, 어느 쪽이든 앉을 수 있는 장소가 많기 때문이다. 또 '座'는 지명에도 등장한다. 예를 들어 도쿄의 '銀座(긴자)'는 글자 그대로 하면 '은 의자'라는 뜻으로, 17세기 초 그곳에 은화 주조소가 있었던 것에서 유래한다.

일반상식

대부분의 일본 가구와 마찬가지로 표준 크기가 정해져 있다. 전통적 크기의 8단판은 59×63센티미터, 맨션 단지 크기인 메이센 판은 55×59센티미터로 이 두 크기가 일반적이다. 보통 5개가 한 세트로 판매되고 있다.

자부다이 소반

본래 일본 다다미방에는 커다란 탁자가 놓이지 않았다. 식사는 다리가 달리고 장식을 한 소형 상에 준비되어 각자 앞에 놓인다. 지금도 온천 여관의 형식적인 연회 자리에서는 이런 식으로 식사가 제공된다. 많은 외국인에게 이는 꽤 불편한 일이다. 다리를 뻗을 공간도 없고 정좌한 채로 먹는 일은 대단히 힘들기 때문이다. 상은 쌓아 올릴 수 있도록 만들어졌기 때문에 나르기도 보관하기도 매우 편리하다.

낮은 높이에 둥근 형태의 자부다이는 제1차 세계대전 후에 발달한 것으로 서양의 커피 탁자와 비슷하지만 다리는 접을 수도 있고 뗄 수도 있다. 표준적인 크기는 4인 가족이 함께 둘러앉을 수 있는 정도다. 1960

くにも便利だ。

　背が低くて丸い形のちゃぶ台は、第一次世界大戦後に発達したもので、西洋のコーヒーテーブルに似ているが、脚は折りたたんだり、はずしたりできる。標準的な大きさは、4人家族が一緒にテーブルを囲めるサイズ。1960年代の映画やホームドラマには、腹を立てた父親がいきなり料理ごとちゃぶ台をひっくり返すシーンがよくあった！今では形やサイズもさまざまあり、とくに長方形で6人まで座れるタイプのものは、個人の家や旅館、料理店の畳の部屋で広く使われている。しかし今でも、高さは低く、脚を伸ばすスペースはほとんどない。

アドバイス	日本人でも若い人は長時間の正座を苦手としており、脚を伸ばしたいという外国人の願望にはたいていの人が理解を示すだろう。しかし、まず苦痛であることを申し入れ、楽な姿勢をとってもいいかと尋ねるのが礼儀だ。その場合、反対側に座っている人を蹴らないように注意すること！また料理店などでは、可能ならば、不安定なドアやついたてなどではなく、寄りかかれる壁際の席に座るとよいだろう。

년대 영화나 가정극에서는 화가 난 아버지가 음식이 차려진 자부다이를 뒤집어엎는 장면이 자주 등장했다! 지금은 형태나 크기가 다양하고, 특히 직사각형으로 6명까지 앉을 수 있는 유형의 자부다이를 각 가정이나 온천여관, 음식점의 다다미방에서 많이 사용하고 있다. 그러나 지금도 높이는 낮고 다리를 뻗을 수 있는 공간은 거의 없다.

> 일본인이라도 젊은 사람은 장시간 정좌할 수 없기 때문에 다리를 뻗고 싶어 하는 외국인의 바람을 대개 이해한다. 그러나 우선 힘들다는 것을 이야기한 다음 편한 자세를 취해도 되는지 묻는 것이 예의다. 그럴 경우 맞은편에 앉아 있는 사람을 차지 않도록 주의할 것! 또 음식점 등에서는 가능한 한 불안정한 문이나 칸막이가 아닌 기댈 수 있는 벽쪽 자리에 앉는 것이 좋다.

도움말

こたつ

外は雪だった……。

しかし室内では、冬のよき友、

こたつが快適な気分にしてくれた。

(勝俣銓吉郎、1937)

　こたつは冬を暖かく過ごすための天才的な発明である。伝統的なこたつは格子づくりの背の低いテーブルに上からおおいをかけたものである。テーブルの下には炭や灰を入れた耐火性のポットを置いたり、床をくり抜いて火鉢を置いたりした。後に、テーブルの裏側に電熱器を取りつけ、カバー(こたつぶとん)がずり落ちるのを防ぐ天板がセットになったものが考案された。今日用いられているのはこのタイプである。こたつは実に居心地のよい装置で、特に床を掘り

| アイデア | たいていのこたつは、脚がねじこみ式になっている。冬が終わって、しまうときに場所を取らないようにとの配慮だ。もしもテーブルが低すぎたら、自分に合うようもっと長い脚を購入することも可能だ。 |

고타쓰

밖에는 눈이 내리고 있었다······.
그러나 실내에는 기분 좋은 겨울 친구,
고타쓰가 포근한 기분이 되게 해주었다.

(가쓰마타 센키치로, 1937)

고타쓰는 겨울을 따뜻하게 보낼 수 있도록 해주는 천재적인 발명품이다. 전통적인 고타쓰는 격자 모양으로 만든 낮은 탁자 위에 덮개를 씌운 것이다. 탁자 밑에는 숯이나 재를 넣은 내화성 단지를 놓아두거나 바닥에 구멍을 내서 화로를 두기도 했다. 나중에 탁자 밑면에 전열기를 붙이고 커버(고타쓰 이불)가 흘러내리는 것을 방지하기 위해 탁자 윗면을 세트로 만든 고타쓰가 고안되었다. 지금 사용하고 있는 것이 이 유형이다. 고타쓰는 정말이지 편안하게 있을 수 있는 공간으로, 특히 바닥을 파서 다리를 뻗을 수 있게 만든 호리고타쓰는 훌륭한 물건이다. 물론 발끝과 다리는 아주 따뜻하지만 등이나 목덜미는 춥다고 불평하는 외국인도 많다! 그러나 고타쓰는 일본인이 편안한 차림의 기모노를 입고 생활하던 시대에 발명된 것임을 잊지 말자. 기모노에는 열을 옷 안쪽으로

아이디어

대부분의 고타쓰는 다리를 나사로 고정해두는 유형이다. 겨울이 끝나고 보관할 때 장소를 차지하지 않도록 분리하기 위한 배려다. 혹시 탁자가 너무 낮다면 사용하는 사람에 맞춰 더 긴 다리를 구입할 수도 있다.

下げて脚を伸ばせるようにした掘りごたつは素晴らしい。得てして足先と脚はとても暖かくなっても背中や首筋が寒いままだ、と文句を言う外国人が多い！しかし、こたつは日本人がルーズフィットな着物で暮らしていた時代に発明されたものだということを忘れてはいけない。着物ならば、熱は衣服の内側に入り込んで全身を暖められたのである。ちなみに、こたつの天板の裏には緑色のフェルトが貼ってあることがあり、裏返せばマージャン台として使えるのだ！今ではファッショナブルで西洋風のこたつテーブルも発売されていて、1年中、ふつうのテーブルとして使える。

모아 전신을 따뜻하게 하는 기능이 있다. 덧붙이자면 고타쓰 윗면의 밑바닥에는 녹색 펠트가 붙어 있어서 뒤집으면 마작 탁자로도 사용할 수 있다! 지금은 최첨단 서양식 풍 탁자도 발매하고 있어서 1년 내내 그냥 탁자로도 쓸 수 있다.

4

台所用品

はし
炊飯器
しゃもじ
飯切(飯台)
茶碗
急須 / 湯のみ茶碗 / 茶筒
どんぶり
土鍋
土瓶 / 鉄瓶
七輪 / 火鉢
徳利 / 猪口 / 升
おろし器(おろし金)
すり鉢 / すりこぎ
ざる
たわし

4

부엌 용품

하시^{젓가락}
스이한키^{전기밥솥}
샤모지^{주걱}
한키리(한다이)
자완
규스 / 유노미자완 / 자즈쓰
돈부리
도나베
도빙 / 데쓰빙
시치린^{풍로} / 히바치^{화로}
도쿠리 / 조코 / 마스
오로시키(오로시가네)^{강판}
스리바치^{절구} / 스리코기^{절구공이}
자루^{소쿠리}
다와시^{수세미}

はし

　はしは日本の食生活に欠かせないもので、形も色も長さもさまざまだ。多くの中国ばしのように丸軸のはしもあるが、軸が四角いもののほうが一般的だ。素材は木(たいてい漆塗り)か竹、あるいはプラスチック(子供用に多い)だ。短めで使い捨てタイプのものは割りばしと呼ばれ、たいていの料理店に用意されている。通常1本の細長い板状になっているものを、割って使う。他人の使ったはしで食べるのは嫌だ、または割りばしの製造に使われる木材の消費を減らしたいという思いから、専用のケースに入れて自分用のはしを持ち歩く人もいる。

　家庭でも料理店でも、たいていは1人ひとりにはし置きが用意される。使わないとき、はしははし置きに置いておく。そうすればはしがテーブルに触れないですむ。また、はし置きの形はさまざまで、素材も木やセラミックからガラス、竹など多彩だ。また、割りばしを入れる紙製の封筒(はし袋)を折りたためば、自分でも簡単なはし置きがつくれる。

　菜ばしは長めのはしで、たいてい竹製である。調理中、あるいは

トリビア
- 1年間に消費される割りばしは推定80億本。
- 日本のはしの長さは平均22センチ前後。
- 「はしで食えないものは真の日本食にあらず！」

하시 젓가락

하시는 일본 식생활에서 빠질 수 없는 것으로 모양, 색, 길이가 다양하다. 대부분의 중국 젓가락처럼 원뿔 모양의 하시도 있지만 사각 모양이 일반적이다. 소재는 나무(대체로 옻칠을 한 것)나 대나무, 또는 플라스틱(주로 아동용)이다. 일회용으로 좀 짧은 것은 와리바시라고 하며 음식점에서 많이 사용한다. 보통 한 쌍의 가늘고 긴 나무 판상을 반으로 나누어 사용한다. 다른 사람이 사용하던 것으로 먹기 싫거나 와리바시를 만들 때 사용하는 목재의 소비를 줄이기 위해 전용 케이스에 넣어 개인용 하시를 가지고 다니는 사람들도 있다.

가정에서도 음식점에서도 대개 각자 개인의 하시오키(젓가락 받침)가 준비되어 있다. 사용하지 않을 때 하시는 하시오키에 놓아둔다. 그렇게 하면 하시를 직접 탁자에 놓지 않아도 되기 때문이다. 하시오키 모양은 여러 종류이고 소재는 나무, 세라믹, 유리, 대나무 등으로 다양하다. 또 와리바시를 넣는 종이봉투(하리부쿠로)를 접어서 스스로 간단한 하시오키를 만들 수도 있다.

사이바시라고 부르는 조금 긴 하시는 대나무 제품이 많다. 요리를 만들 때나 스키야키, 샤브샤브 등 식탁 위에서 조리하는 음식을 먹을

일반상식

- 1년간 소비되는 와리바시는 약 80억 개.
- 일본 하시의 길이는 평균 22센티미터 전후.
- '하시로 먹을 수 없는 것은 진정한 일본 음식이 아니다!'

エチケット

①移しばし(우쓰시바시)　②迷いばし(마요이바시)　③刺しばし(사시바시)

- 自分のはしから他人のはしへと食べ物を運んではいけない。というのも、葬儀の際、遺骨はこのように受け渡されるからだ(①移しばし)。
- 次にどの料理を食べようかと考えながら、はしを空中で泳がせてはいけない(②迷いばし)。
- はし先で食べ物を刺してはいけない(③刺しばし)。
- はしにくっついた食べ物を口でもぎとってはいけない(④もぎばし)。
- はし先をしゃぶってはいけない(⑤ねぶりばし)。
- はしで他人を指さしてはいけない(⑥指しばし)。

すき焼きやしゃぶしゃぶなど、テーブルで調理する料理で食材を取り上げるときに使う。

　大皿料理の場合、料理の取り分け用に取りばしが用意されることもある。自分のはしを使うときは、上下を持ち替えてはしの太いほうを使うのが礼儀とされる。

炊飯器

　畳の部屋で伝統的な和食を供する場合は、ご飯のお代わりを漆塗

④ もぎばし (모기바시)　　⑤ ねぶりばし (네부리바시)　　⑥ 指しばし (사시바시)

에티켓

- 자기 하시로 음식을 집어 다른 사람의 하시로 건네는 행위는 안 된다. 이런 행동은 장례식 때 유골을 넘겨주는 모습과 같기 때문이다(① 우쓰시바시).
- 다음에 무엇을 먹을지 생각하며 하시를 허공에서 움직이는 행동도 안 된다(② 마요이바시).
- 하시 끝으로 음식을 찍어서는 안 된다(③ 사시바시).
- 하시에 붙어 있는 음식물을 이로 잡아 떼서는 안 된다(④ 모기바시).
- 하시 끝을 빨아서는 안 된다(⑤ 네부리바시).
- 하시로 다른 사람을 가리켜서는 안 된다(⑥ 사시바시).

때 건더기를 건져 올리는 용도로 사용한다.

큰 그릇에 담아 모두 함께 먹는 음식을 나눌 때는 도리바시(여럿이 먹는 식사 자리에서 반찬을 집을 때 쓰는 젓가락)를 사용하도 한다. 자기 하시를 써서 음식을 덜 때는 하시 방향을 반대로 잡아 굵은 쪽으로 집는 것이 예의다.

스이한키 ^{전기밥솥}

다다미방에서 전통적인 방식으로 일본 음식을 제공할 경우에는 옻칠한 그릇인 한키나 밥통인 오히쓰에 밥을 담아 방으로 가져간다. 오히

りの飯器またはおひつに入れて部屋まで運ぶ。おひつは小型の木おけで、周囲を銅線のたがで巻いてある。今ではほとんどの人が、たいていは電気式の自動炊飯器でご飯を炊いており、キッチンに置いた炊飯器から1人ひとりの飯茶碗に盛るのがふつうである。最近の炊飯器にはさまざまな優れた機能がついており、米の種類や炊き加減に応じて調整できる。

しゃもじ

しゃもじは木やプラスチック、竹などでできたへらのようなもので、炊きたてのご飯をまぜたり盛ったりするときに使う。日本のご飯は粘けが強いので、飯粒がくっつかないように、しゃもじはふつう湿らせてから使う。

飯切(飯台)

すし飯(シャリ)は、すしづくりやすしをあじわう上で最も重要な要素である。良質な白米を用い、炊き上がったら大きくて浅い飯切あるいは飯台と呼ばれる器に移す。飯切の素材は木で、これが余分な水分を吸収する。この飯に風味を加えるため、米酢と砂糖、塩、水

쓰는 작은 나무 통으로 통 가운데에 구리선 테가 둘러져 있다. 지금은 대부분의 사람들이 전기식 자동 스이한키로 밥을 지으며, 부엌에 놓아 둔 스이한키에서 한 사람 한 사람의 밥그릇에 퍼 담는 것이 일반적이다. 요즘 스이한키는 기능이 다양하고 뛰어나서 쌀 종류나 입맛에 맞춰 취사할 수 있다.

샤모지 주걱

샤모지는 나무나 플라스틱, 대나무 등으로 만든 주걱으로 막 지은 밥을 섞거나 풀 때 사용한다. 일본 밥은 찰지므로 밥알이 달라붙지 않도록 샤모지를 적셔서 쓴다.

한키리(한다이)

스시용 밥(샤리)은 스시를 만들 때나 먹을 때 가장 중요한 요소다. 양질의 흰쌀을 사용해 밥을 다 지으면 커다랗고 깊이가 얕은, 한키리 또는 한다이라고 부르는 그릇으로 옮긴다. 한키리의 소재는 나무로서, 이것이 불필요한 수분을 흡수한다. 이 밥에 풍미를 더하기 위해 쌀식초와 설탕, 소금, 물을 섞은 것(아와세즈)을 적당하게 데워서 조금씩 밥에 섞는다. 이때 나무 주걱을 사용해 가볍게 밥을 자르듯이 섞는다. 너무 많이

をまぜたもの(合わせ酢)をほどほどに温め、これを少しずつ飯に加えていく。この際、木のしゃもじを使って軽く飯を切るようにまぜる。まぜすぎてはいけない。サラダにドレッシングを合わせる要領だ。うちわであおぎながら、飯の温度を下げ、余分な水分を飛ばし、手で握りやすいあんばいにする。

茶碗

「碗」という字は、それだけで、片手で楽に持てるようにつくられた木製あるいは陶磁器の「ボウル」を意味する。わかりにくいのは、茶碗が文字どおり茶会で用いられる茶器を意味すると同時に、ご飯その他の料理を入れる器の意味でも用いられる点だ。ご飯用の茶碗を特定する呼び方としては、飯茶碗とかご飯茶碗が使われる。この一般的なサイズは、直径11~12センチである。

湯飲み(文字どおりに解釈すれば、湯を飲むこと)は持ち手のついていないカップを指し、湯飲み茶碗は緑茶を飲むための多様な椀や

エチケット	・茶碗を持つ前に、必ずはしを手に持つこと。 ・食事中あるいは食後、茶碗に橋を渡すような形ではしを置かないこと(渡しばし)。はしは必ずはし置きに戻しておこう。 ・はしで茶碗を引き寄せてはならない(寄せばし)。テーブルや盆を傷つけるおそれがあるからだ。

섞으면 안 된다. 샐러드에 드레싱을 뿌려 섞을 때와 같은 요령이다. 부채로 부치면서 밥을 식히고 수분을 없애서 손에 쥐기 좋은 상태로 만든다.

자완

'완(碗)'은 한 손으로 편하게 들 수 있도록 만들어진 목제 또는 도자기 '그릇'을 의미한다. 애매한 것은 자완이 문자 그대로 다도 모임에서 사용하는 다기를 의미함과 동시에 밥이나 그 외의 음식을 담는 그릇을 의미하기도 한다는 점이다. 특별히 밥그릇을 의미하는 용어로는 메시자완 또는 고항자완이 있다. 일반적인 크기는 직경 11~12센티미터다.

유노미(문자 그대로 해석하면, 뜨거운 물을 마시는 것)는 손잡이가 달려 있지 않은 컵을 말하고, 유노미자완은 녹차를 마시기 위한 다양한 주발이나 컵을 가리킨다.

'메오토'라는 말은 '부부'를 뜻하며 메오토자완은 부부용 세트 자완을 말한다. 크기는 똑같지 않고 한 개가 약간 크다.

> **에티켓**
> - 자완을 들기 전에 반드시 젓가락을 들 것.
> - 식사 중 또는 식사 후, 자완 위에 젓가락을 올려두지 말 것(와타시바시). 젓가락은 반드시 젓가락 받침에 놓아둔다.
> - 젓가락으로 자완을 끌어당기지 말 것(요세바시). 탁자나 상 표면에 흠집이 날 수 있기 때문이다.

カップのことである。

　「めおと」という言葉は「夫婦」を意味し、夫婦茶碗は夫婦おそろいの茶碗のことである。通常、片方がやや大きい。

急須／湯飲み茶碗／茶筒

　陶器製や磁器製の急須は日本人の日常生活に欠かせないもので、緑茶をそそぐために使われている。最も一般的なのは煎茶だ。急須の形やサイズはたくさんあるが、デザインは代々変わらないものが多い。茶の種類によって急須は使い分けられている。持ち手の位置もさまざまで、西洋のティーポットのように注ぎ口の反対側についているもの(後手)、横についているもの(横手)、上部についているもの(上手)がある。

　陶器は、吸水性と保温性の点で磁器より優れていて、茶の苦みを取り除いて味をマイルドにしてくれる。ただ陶器はやわらかくて割れやすいので、薄い容器には向かない。一方、磁器は薄い容器に適しており、表面が白くて滑らかなため、美しく鮮やかな装飾も加えやすい。

アドバイス
- 茶には、内側が白やクリーム色の湯飲みを用いると色が映える。
- 急須を使って茶を注ぐときは、ふたを親指で押さえておくのが賢明だ。

규스 / 유노미자완 / 자즈쓰

도기 제품이나 자기 제품인 규스(①)는 일본인의 일상생활에서 빠질 수 없는 것으로 녹차를 따를 때 사용된다. 가장 일반적인 차는 센차(달인 엽차)다. 규스의 모양이나 크기는 다양하지만 디자인은 예로부터의 것 그대로인 경우가 많다. 차 종류에 다라서 규스의 쓰임이 나눠진다. 손잡이 위치도 다양해서 서양의 찻주전자처럼 물을 따르는 곳과 반대쪽에 달려 있는 것(아토데), 옆에 달려 있는 것(요코데), 윗부분에 달려 있는 것(우와데)이 있다.

도기는 자기보다 흡수성과 보온성이 뛰어나고 차의 쓴맛을 제거해 부드러운 맛을 낸다. 그렇지만 단단하지 않고 깨지기 쉬우므로 얇은 용기로 쓰기에는 적당하지 않다. 한편 자기는 얇은 용기로 적당하며 표면이 하얗고 매끈거려서 아름답고 산뜻한 장식품 역할도 한다.

찻잎을 규스에 넣을 때는 자미(일본식 찻숟가락)나 찻숟가락을 사용한

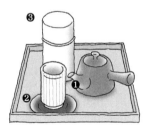

도움말
- 유노미자완 안쪽이 흰색이나 크림색이면 녹차 색이 비친다.
- 규스를 사용해서 차를 따를 때는 뚜껑 부분을 엄지손가락으로 누르는 것이 좋다.

茶葉を急須に入れるときは、茶箕(ちゃみ)か茶さじを使う。後者には竹製や木製、金属製のものがある。持ち手がなく丸い形の湯飲み茶碗は、茶托と呼ばれる木の皿に載せることが多い。大きめの湯飲み茶碗は、陶器製が多いが、番茶やほうじ茶、玄米茶など、煎茶より熱い湯でいれるお茶に用いられる。小さめの湯飲み茶碗は、磁器製が多いが、高級茶の玉露に用いられる。

　茶葉を最適な状態で保存するには、口がしっかり閉まる金属製の茶筒を使う。茶筒は魅力的なデザインが多く、手すきの和紙や桜の樹皮で表装を施したものもあり、小さな茶箕がついてくることもある。実用的な土産として持ち帰る外国人客が数多い。

どんぶり

　どんぶりは陶器製や磁器製の丈夫なボウルで、一般の飯茶碗よりずっと大きく、たいていはふたがついている。どんぶりという言葉は、ボウルに飯を盛り、さまざまなトッピングをのせた手ごろな値段の料理、いわゆるどんぶりものの総称としても使われている。どんぶりものは、蕎麦屋や普通のレストランで食べられる。人気があるのはカツ丼(卵でとじた豚カツ)、親子丼(「親子」とはつまり鶏と卵、そして玉ねぎ)、卵丼(卵と玉ねぎ)、天丼(エビ天ぷら)、鉄火丼(冷飯の上にマグロの切り身)、そして牛丼(牛肉と玉ねぎ)だ。

다. 찻숟가락에는 대나무 제품, 나무 제품, 금속 제품 등이 있다. 손잡이가 없고 둥근 형태의 유노미자완(②)은 보통 자타쿠라고 부르는 나무 받침 위에 놓아둔다. 조금 큰 유노미자완은 도기 제품이 많고 반차나 호우지차, 현미차 등 센차보다 뜨거운 차를 마실 때 사용한다. 작은 유노미자완에는 자기 제품이 많고 고급차인 교쿠로를 마실 때 사용한다.

찻잎을 가장 좋은 상태로 보존하기 위해서는 뚜껑을 단단히 덮을 수 있는 금속제 자즈쓰(③)를 사용한다. 자즈쓰는 매력적인 디자인이 많고 손으로 뜬 일본식 종이나 벚꽃의 나무껍질로 겉을 꾸민 것도 있으며 작은 자미가 달려 있는 것도 있다. 실용적인 기념품으로 외국인에게 인기가 있다.

돈부리

돈부리는 도기나 자기로 만든 튼튼한 그릇으로 일반적인 밥그릇보다 훨씬 크고 대부분 뚜껑이 달려 있다. 돈부리라는 말은 그릇에 밥을 담은 후 여러 가지 재료를 얹어 먹는 적당한 가격의 음식을 가리킨다. 이른바 돈부리 음식의 총칭으로 사용되고 있다. 돈부리 음식은 소바 집이나 레스토랑 등에서 먹을 수 있다. 인기 있는 메뉴는 가쓰동(달걀을 풀어 돈가쓰 위에서 익힌 것), 오야코동('오야코'는 닭고기와 달걀을 가리킨다. 그리고 양파), 다마고동(달걀과 양파), 텐동(새우튀김), 뎃카동(차가운 밥 위에 참치회를 얹은 것), 규동(쇠고기와 양파)이다.

トリビア	どんぶりものの元祖はうな丼(うなぎのかば焼き)とされ、19世紀前半に、江戸の劇場主によって発明された。料理店から劇場に届くまでに飯とうなぎが冷めないようにと工夫されたものである。その他のどんぶりものは明治時代に開発された。牛肉や鶏肉など、当時としては珍しい食材を使った料理だったので、料理店でいただくご馳走とされていた。

　牛丼のファストフード店は、短時間で食べられるところから特に学生やサラリーマンに人気がある。開店当時から米国産の安い牛肉が使われており、21世紀初頭に米国産牛肉の輸入が一時禁止になったときには全国に失望感が広がった。

土鍋

　土鍋は大きくて丸い陶製の鍋で、ふたがあり、持ち手が2個ついていて、内側には釉薬(ゆうやく)が施してあり、いろいろなものを煮炊きするのに適している。特にかゆや各種の鍋物を卓上で調理するときに用いられる。サイズはさまざまで、人気の鍋物にはカキ鍋(カキと各種野菜)、寄せ鍋(鶏肉、海鮮類、魚、各種野菜)、あんこう鍋(あんきも、野菜、豆腐)、ちゃんこ鍋(肉や海鮮類、野菜、豆腐などの入った高タンパクの鍋で、相撲とりの常食)などがある。

注意	土鍋は急激な温度変化に弱いので、熱いうちに冷水をそそぐのは禁物!

> 돈부리 음식의 원조는 우나동(장어구이)으로 19세기 전반에 에도의 극장 주인이 만들어냈다. 음식점에서 극장까지 배달하는 동안 밥과 장어가 식지 않도록 궁리한 것이다. 그 외의 돈부리 음식은 메이지시대에 개발되었다. 쇠고기나 달걀 등 당시로서는 귀한 식자재를 사용한 음식이었기 때문에 밖에서 먹을 수 있는 사치스런 음식 가운데 하나였다. **[일반상식]**

규동 패스트푸드점은 짧은 시간에 먹을 수 있어서 특히 학생이나 회사원에게 인기가 있다. 개점 당시부터 미국산 저렴한 쇠고기를 사용해 왔다. 21세기 초반에 미국산 쇠고기 수입이 일시적으로 금지되었을 때 전국에서 아쉬워하는 모습을 많이 볼 수 있었다.

도나베

도나베는 커다랗고 둥그런 도기 냄비로 뚜껑이 있으며 손잡이가 2개 달려 있고 안쪽은 유약 처리를 해서 다양한 식자재를 넣어 요리하는 데 적당하다. 특히 죽이나 각종 찌개 요리를 식탁 위에서 조리할 때 사용한다. 크기가 다양하고, 인기 있는 찌개 요리로는 가키나베(굴과 각종 야채), 요세나베(닭고기, 해산물, 생선, 각종 야채), 안코나베(아귀 간, 야채, 두부), 잔코나베(고기, 해산물, 야채, 두부 등이 들어간 고단백질 찌개 요리로 스모 선수들이 자주 먹는 음식) 등이 있다.

> 도나베는 급격한 온도 변화에 약하므로 뜨거운 상태에서 찬물을 부으면 안 된다! **[주의]**

土瓶 / 鉄瓶

　急須と違って、火にかけられるタイプのティーポットが2つある。1つは土瓶。陶製のティーポットで、固定していない竹製の持ち手がついている。もともと薬草を煎じるために使われていた。というのも、熱伝導がゆっくりで、代謝を活発にし血行をよくする遠赤外線効果があるからだ。今では、もっぱら湯を沸かして茶をいれるのに使う。また秋の京料理には、小さな土瓶を使った土瓶蒸しという名物料理がある。イチョウの実であるぎんなんと鶏肉、そして最高級のきのこであるマツタケを入れた透明なスープで、これを小さなカップにそそぎ、柑橘系植物であるすだちを絞って食す。

　鉄瓶は鋳鉄製の重いポットで、その起源は17世紀にさかのぼる。ちょうど煎茶を飲む習慣ができたころだ。大型の鉄瓶は、湯を沸かしたり、加湿目的で、いろりの上に自在鉤でつるしてあった。小型の鉄瓶はティーポットとして使われていた。今日、鉄瓶はもっぱら湯を沸かす目的に使われている。鉄瓶で沸かした湯はおいしく、鉄分がしみ出るせいで身体によいと考える人が多い。外国では、鉄瓶は実用品としても置物としても人気で、骨董品店にはたいてい置いてある。

アドバイス　鉄瓶で湯を沸かすときは、蒸気を逃がすためにふたを少しずらしておくこと。また鉄製の持ち手はとても熱くなることを忘れないように！

도빙 / 데쓰빙

규스와는 달리 불 위에 올려 사용하는 유형의 찻주전자가 2개 있다. 그중 하나가 도빙이다. 도기로 만든 찻주전자로서 분리 가능한 대나무제 손잡이가 달려 있다. 원래는 약초를 달이기 위해 사용한 물건이다. 열 전도율이 느려 신진대사를 활발하게 하고 혈액순환에 좋은 원적외선 효과가 있기 때문이다. 지금은 그냥 물을 끓여서 차를 마시는 데만 사용한다. 그리고 가을의 교토 요리에는 작은 도빙을 사용하는 도빙무시라는 명물 요리가 있다. 은행나무 열매인 은행과 닭고기, 그리고 최고급 버섯인 송이버섯을 넣은 투명한 국물 요리로 이것을 작은 컵에 따라 감귤 계통의 식물인 스다치를 짜넣고 먹는다.

데쓰빙은 주철로 만든 무거운 주전자로 이것의 기원은 17세기로 거슬러 올라간다. 달인 엽차를 마시는 습관이 생기기 시작했을 무렵 만들어졌다. 대형 데쓰빙은 물을 끓이거나 건조한 공간에 습기를 보충할 목적으로 이로리(전통적인 난방 장치, 농가에서 방바닥 일부를 네모나게 잘라내고, 그곳에 재를 깔아 취사용·난방용으로 불을 피워놓는다) 위에 지자이카기(화덕이나 부뚜막 위에 매달아 놓고 높이를 조정해서 쓰는 냄비·주전자걸이)로 매달아두었다. 소형 데쓰빙은 찻주전자로 사용되어왔다. 지금 데쓰빙은 단지 물을 끓이는 목적으로만 사용한다. 데쓰빙으로 끓인 물은 맛이 있으며 철분이 배어

> **도움말**
> 데쓰빙으로 물을 끓일 때는 증기를 빼기 위해서 뚜껑을 조금 열어둘 것. 또 철제 손잡이는 매우 뜨거워진다는 것을 잊지 말자!

なお、茶の湯ではふつう鉄瓶は使わず、そそぎ口も持ち手もない鉄製の茶釜から湯をすくって使う。

七輪 / 火鉢

聞くところによれば、東京のある家では
もう200年以上も火鉢の火を絶やさずにいるそうだ。
(エドワード・モース、1886)

　七輪は粘土製の持ち運び可能な小型こんろで、かつては炭の直火で、とりわけサンマなどの魚を焼いたり、野菜を調理するのに用いられていた。今では近代的なコンロやグリルのおかげですっかり出番が減ってしまったが、小型のものは販売されていて、焼き鳥や小さな魚を焼くのに用いられている。炭の火を消さないように、通常はふいごではなくうちわであおいでいた。

　その昔、冬の暮らしの中心には火鉢があった。こちらも灰と炭を入れた暖房具で、かつては居間で暖をとる唯一の器具であった。火鉢はまた、網を乗せて小さな食材を調理するのにも使われた。家族が大きな火鉢を囲んで手を温め、会話を楽しみながらもちを焼く光景が、かつてはよく見られた。形は多彩で、金属製の火鉢を、引き出しがついた高さ45センチほどの箱型の木製収納箱に設えたものも

나오기 때문에 몸에 좋다고 생각하는 사람들이 많다. 외국에서 데쓰빙은 실용품으로도 장식품으로도 인기가 있고 골동품점에서도 쉽게 찾아볼 수 있다.

대체로 다도 모임에서는 데쓰빙을 쓰지 않는다. 물을 따르는 부분도 손잡이도 없는, 철로 만든 찻가마에서 뜨거운 물을 덜어 사용한다.

시치린 풍로 / 히바치 화로

들은 이야기로, 도쿄의 어느 가정에서는
벌써 200년 이상 히바치의 불을 꺼뜨리지 않고 있다고 한다.
(에드워드 모스, 1886)

시치린은 점토로 만든 이동 가능한 작은 풍로로, 옛날에는 숯으로 직접 불을 피웠고 특히 꽁치 등의 생선을 굽거나 야채를 조리하는 데 사용되었다. 지금은 근대적인 풍로나 그릴 덕분에 그 역할이 줄어들었지만 소형 풍로는 아직도 판매되고 있으며 닭꼬치나 작은 생선을 구울 때 쓴다. 숯불이 꺼지지 않도록 평소에는 풀무가 아니라 부채로 부친다.

그 옛날, 겨울을 지낼 때는 히바치가 있었다. 이것도 재와 숯을 넣은 난방 기구로 예전에는 거실을 따뜻하게 해주는 유일한 기구였다. 히바치는 또 망을 얹어 작은 식재료를 조리하는 데도 사용되었다. 예전에는 가족이 커다란 히바치를 둘러싸고 손을 녹이며 이야기를 나누고 떡을

> **トリビア**
>
> **夜の喫煙タイム**
> 持ち運び可能なたばこ盆が、かつてはたいていの家にあった。ひと晩中温かい小さな火鉢とパイプ、たばこをセットにしたものだ。大きな火鉢は、火事の危険性があるので、寝る前に部屋の外に出すことになっていた。19世紀に日本を訪れた多くの外国人が書き留めているが、同宿になった日本人が夜中に起きて、たばこ盆を持ち出し、きせるに火をつけ、一服し、きせるをポンとたたいたあと再び寝床に戻るということがあったようだ！

あった。また陶器製の丸い火鉢や、中に銅製の丸い炉を配して外側は美しい装飾を施した漆塗りの火鉢もあった。

火鉢は今ではアンティーク家具として人気が高く、上に板ガラスを置いてテーブルにしたり、植木鉢カバーにしたり、あるいは傘立てとして利用されている。

徳利/猪口/升

日本酒は人肌に温めた熱燗（あつかん）と常温の冷や酒のふたとおり飲み方がある。最もシンプルな酒の温め方は、陶磁器の徳利（とっくり）(酒用の瓶)に酒を満たし、とろ火にかけた鍋かやかんの湯の中にしばらく入れておくというもの。それから猪口（ちょこ）と呼ばれる小さな器に酒を注ぐ。猪口には磁器製や陶器製のほか、木製のものもある。もともと酒は冷（ひや）で飲まれていた。猪口が発達したのは、熱燗が人気となってからのこと。

> **밤의 흡연 시간**
> 예전에는 대부분의 가정에 들고 다닐 수 있는 재떨이 세트가 있었다. 밤새 온기를 유지하는 작은 히바치와 파이프, 담배로 이루어졌다. 커다란 히바치는 화재 위험성이 있으므로 잠자리에 들기 전에 방 밖으로 내놓았다. 19세기에 일본을 방문한 여러 외국인이 남긴 기록을 보면, 함께 묵던 일본인이 자다 일어나 재떨이 세트를 들고 나가 담뱃대에 불을 붙이고 나서 한 대 피운 후 담뱃대를 재떨이에 톡톡 친 다음 다시 들어와 잠자리에 들었다고 한다!
>
> 〔일반상식〕

굽는 풍경을 자주 볼 수 있었다. 히바치 모양은 다양하다. 서랍이 달린 45센티미터 정도 높이의 목제 수납상자형도 있다. 또 도기로 만든 둥근 히바치 안에 구리 화로를 넣어놓고 바깥쪽은 아름답게 장식하거나 옻칠을 한 것도 있다.

지금 히바치는 골동품 가구로 인기가 높으며 위에 유리판을 놓고 탁자로 쓰거나 화분 커버 또는 우산꽂이로도 이용한다.

도쿠리 / 조코 / 마스

일본 술은 몸을 따뜻하게 해주는 데운 술과 상온의 차가운 술 두 가지 방식으로 마실 수 있다. 가장 단순한 술 데우는 방법은 도자기로 만든 **도쿠리**(술 전용 병)에 술을 채운 다음 뭉근한 불에 올린 냄비나 주전자의 뜨거운 물 안에 잠시 넣어두는 것이다. 그 후 조코라고 부르는 작은 잔에 술을 따른다. 조코에는 자기 제품이나 도기 제품 이외에 나무로 만든 것도 있다. 원래 술은 차게 마셨다. 조코가 발달한 것은 데운 술의 인기

アドバイス	・升で飲むときは、必ず、ふちではなく角から飲むこと。角に塩をのせたときは、塩を少しなめてから、隣の角から酒を口に含むとよい。 ・酒は、手酌ではなく、お酌をするのが礼儀である。

　徳利や猪口のサイズや色、形はさまざまだが、一般的な徳利には0.18リットルほどの酒が入る。盛りそばを食べるときの、しょうゆベースのそばつゆを入れる器も徳利という。

　冷たい酒は、今でも祝いの席で使用する杯(浅い皿)で飲むのが伝統的。最近は日本酒のロックが人気で、グラスで飲むことも珍しくない。常温の酒は、升と呼ばれる木製の小さな箱型の器で飲むのもおすすめだ。升はミニチュアの小さな木の浴槽のような器で、漆塗りのものもある。ひのきの升なら、豊かな香りを添えてくれる。西洋のカクテルと同じように、角に塩を少々のせ、味を引き締めることもある。居酒屋によっては、1.8リットル入りの一升瓶から、受け皿にあふれるほどの酒をグラスにそそぐ。受け皿にあふれた分は、あとでグラスに戻せばよい。

> - 마스로 마실 때는 반드시 테두리가 아닌 모서리 부분으로 마실 것. 모서리에 소금을 쳤다면 소금을 조금 핥고 나서 옆쪽 모서리로 마시는 게 좋다.
> - 술은 스스로 따라 마시지 않고 다른 사람의 술잔을 채워주는 것이 예의다.

도움말

가 높아지고 나서부터다. 도쿠리나 조코의 크기, 색, 모양은 다양하지만 일반적인 도쿠리에는 0.18리터 정도 술이 들어간다. 소바를 먹을 때 간장 맛의 메밀 간장을 담아두는 그릇도 도쿠리라고 한다.

차가운 술은, 지금도 축하하는 자리에서 사용하는 사카즈키(깊이가 얕은 술잔)에 마시는 것이 전통이다. 최근에는 일본 술에 얼음을 넣어 마시는 것이 인기가 있어서 유리로 된 잔에 마시는 경우도 흔히 볼 수 있다. 상온으로 마시는 술은 마스라고 부르는 작은 상자 모양의 목제 잔으로 마시는 것도 좋다. 마스 중에는 나무 욕조의 미니어처 모양 그릇에 옻칠을 한 것도 있다. 노송나무로 만든 마스라면 나무의 그윽한 향도 느낄 수 있다. 서양의 칵테일처럼 모서리에 소금을 조금 치고 마셔서 술맛을 더 끌어내기도 한다. 어떤 선술집에서는 1.8리터들이 한됫병에 직접 따라주며 술잔 받침에 넘칠 정도로 주기도 한다. 받침에 있는 술은 나중에 다시 잔에 부으면 된다.

おろし器(おろし金)

　日本の台所には、どこでもよりどりみどりのおろし器がある。たいていが、欧米のものよりずっと細かくおろすことができる。目的に合わせてデザインが豊富で、セラミック製のものからアルミ、ステンレス、プラスチック製と材質もさまざま。だが金属製のもの(かね)が一般的なので、おろし金と呼ばれることが多い。穴があいたおろし器の下に、おろしたものを受ける容器がついているものもある。質がよいのはスズを上塗りした銅製で、小さな金属の歯がついているが、これは特に大根のような水っぽい野菜に適している。細く切り刻んだ大根は刺し身のつまとして、おろした大根(大根おろし)はてんぷらのつゆなど、多くの料理に使われる。おろし金は、山いも、わさび、しょうがなどをおろすときにも使われる。

> トリビア
> ・紙やすりに似た鮫皮は、食材を細かくおろす場合に、昔はよく使用されていた。料理人の中には、特にわさびをおろすときなど、今でも鮫皮を利用する人がいる。
> ・日本には、木製あるいは竹製のおろし器を使う地域もある。これは鬼おろしと呼ばれる。

すり鉢 / すりこぎ

　和食の調味料や、ペースト、たれ、ドレッシング各種の準備には、すりつぶす作業がともなう。これには陶磁器製のすり鉢と、木製の

오로시키(오로시가네)^{강판}

일본 부엌에는 어디든지 다양한 오로시키가 있다. 대개 유럽과 미국의 것보다 훨씬 더 정교하게 갈 수 있다. 목적에 맞게 디자인도 여러 가지이고 세라믹 제품부터 알루미늄, 스테인리스, 플라스틱 등 재질도 다양하다. 그렇지만 금속제(가네)가 일반적이기 때문에 흔히 오로시가네라고 부른다. 구멍이 뚫려 있는 오로시키 밑에 간 야채를 바로 담을 수 있는 용기가 달려 있는 것도 있다. 질이 좋은 것은 구리를 덧칠한 동(銅) 제품으로 작은 금속 칼날이 붙어 있다. 이것은 특히 무처럼 수분이 많은 야채를 가는 데 적합하다. 가늘고 잘게 간 무는 생선회에 곁들여 나오고 간 무(다이콘오로시)는 튀김을 찍어 먹는 간장에 넣는 등 많은 요리에 사용된다. 오로시가네는 참마, 와사비, 생강 등을 갈 때도 쓴다.

> - 옛날에는 사포와 비슷한 말린 상어가죽으로 식자재를 갈았다. 요리사 중에서 특히 와사비를 갈 때, 아직도 말린 상어가죽을 이용하는 사람이 있다.
> - 일본에는 목제나 대나무제 오로시키를 사용하는 지역도 있다. 이것은 오니오로시라고 부른다.

일반상식

스리바치^{절구} / 스리코기^{절구공이}

일본 음식의 조미료, 반죽, 양념장, 각종 드레싱을 준비할 때는 갈아서 으깨는 작업이 필요하다. 이때 도자기 제품의 스리바치와 목제 스리

すりこぎを使う。

ボウル型のすり鉢の大きさはさまざまで、その特徴的なデザインは、いまや海外でも人気が高まっている。欧米のすり鉢の内側は滑らかだが、和製のすり鉢の場合、外側はつやつやでも内側にはきざみ目がある。これで中身がすべらず、すりやすくなっている。すりこぎは、すり鉢のきざみ目を損なわないように、木製だ。ほのかにその香りが加わることから、硬くてこぶが多い山椒（さんしょう）の木が昔から好まれているが、今ではいろいろな種類の木が使われている。すりこぎは、欧米のすりこぎのようにすべすべしたものが多い。

すり鉢でする代表的なものには、黒ごま、白ごま、味噌、豆腐などがある。すりつぶした豆腐は、さまざまな具を入れた白和えづくりに用いられる。

トリビア
- 山椒のすりこぎは樹皮がついたまま、つるしておくためのヒモをつけて売られている。それ自体が面白いお土産になる。
- 硫黄島にある有名な擂鉢山（すりばち）は、すり鉢をひっくり返したような形をしていることから、その名がついた。

코기를 사용한다.

  사발 모양의 스리바치는 크기가 다양하고, 특이한 모양새 때문에 지금은 해외에서도 인기가 높아지고 있다. 유럽과 미국에서 사용하는 것은 안쪽이 매끈하지만 일본 것은 바깥쪽은 매끈해도 안쪽에는 미세한 홈이 있다. 그래서 재료들이 미끄러지지 않아 손쉽게 다질 수 있다. 스리코기는 스리바치의 미세한 홈에 흠집을 내지 않도록 나무로 만든 제품을 사용한다. 옅은 향기가 더해지기 때문에 단단하고 줄기에 가시가 많은 산초나무를 예로부터 많이 사용해왔지만 지금은 여러 종류의 나무로 만들고 있다. 스리코기는 유럽과 미국의 것처럼 매끈한 것이 많다.

  스리바치로 만드는 대표적인 식재료에는 검은깨, 흰깨, 미소, 두부 등이 있다. 갈아서 으깬 두부는 흰깨와 흰 미소를 섞고 고기나 채소 등을 넣고 버무린 요리인 시라아에를 만드는 데 사용된다.

- 산초나무로 만든 스리코기는 나무껍질이 그대로 남아 있고, 걸어서 보관하기 위한 끈을 달아 팔고 있다. 그 자체로도 재미있는 기념품이다.
- 이오지마에 있는 유명한 스리바치 산은 스리바치를 거꾸로 엎어놓은 것 같은 모양이어서 그런 이름이 붙었다.

ざる

ざるとは、水切りボウルのこと。ふつうは四角いボウル型で、竹製が伝統的だが、今はプラスチック製や金属製のものもある。ざるは、野菜や魚などの食材の水を切るために、調理の支度をするときや調理中に使う。温かい豆乳とにがりを混ぜたざる豆腐の水を切って固めるときには、少々深めのざるが使用される。ざるそばや盛りそばは、平らな竹ざるに盛って供される。ざるは漆塗りの箱に入っていることが多い。竹ざるは、カビの発生を防ぐためにも、よく洗って乾かしてからしまわなくてはならない。

> **トリビア** 島根県出雲（いずも）の民謡「安来節（やすきぶし）」にのせて踊る民衆舞踊は、ざるを持ってどじょうをすくう動きが特徴だ。

たわし

とても機能的で環境に優しい日本の調理器具や台所用品の多くが、ネット通販の影響もあって、世界中で人気となっている。サイズも豊富なたわしがよい例だ。たわしは、シュロの繊維を太い針金で丸

자루 소쿠리

자루는 물기를 빼는 소쿠리를 말한다. 보통은 네모진 그릇 모양이고 대나무 제품이 전통적이지만 지금은 플라스틱 제품이나 금속 제품도 있다. 자루는 야채나 생선 등 식자재의 물기를 빼서 요리를 준비할 때 또는 요리 중에 사용한다. 따뜻한 두유와 간수를 섞은 자루두부의 물기를 빼서 굳힐 때는 깊이가 좀 있는 자루를 쓴다. 자루소바와 모리소바는 평평한 대나무 자루에 담아서 낸다. 자루는 보통 옻칠한 상자에 들어 있다. 대나무 자루는 곰팡이가 발생하는 것을 막기 위해 잘 씻어서 말린 후에 보관해야 한다.

> 시마네 현 이즈모의 민요 「야스키부시」에 맞춰 추는 민속무는 자루를 가지고 미꾸라지를 담는 동작을 하는 것이 특징이다. **일반상식**

다와시 수세미

일본의 조리 기구나 부엌 용품은 대단히 기능적이며 환경에 좋은 것이 아주 많다. 인터넷 통신판매의 영향도 한몫해서 전 세계에서 인기를 끌고 있다. 다양한 크기의 다와시가 그 좋은 예다. 다와시는 종려잎 섬유를 굵은 철사로 둥그렇게 묶은 것이다. 용도는 다양하다. 주전자나 냄비를 닦거나 절구의 안쪽 혹은 스시나 소바용 소쿠리를 씻거나 나무 도마를 닦고 뿌리채소의 흙을 문질러 털어내거나 욕조 청소에도 사용할 수

く束ねたもの。用途も多様だ。ポットや鍋を磨いたり、すり鉢の内側や、すしやそば用のざるを洗ったり、木製のまな板を磨いたり、根野菜の泥をこすって落としたり、浴槽の掃除にまで使える。スチールウールと違って、たわしはさびないし、手に優しく、金属の微粉が飛び散るのを心配しなくてすむ。

　ささらはたわしの大型版で、細かく割った竹を束ねたもの。中華鍋などの大きな鍋を洗う料理人に重宝されている。

トリビア	新たな楽しいたわしの使い方として、携帯電話ストラップがあげられる。このミニチュア版のたわしは本格サイズのもの同様に実用的で、爪や金属製のアクセサリーを磨いたり、かゆいところをかいたり、マッサージにももってこいだ！

있다. 쇠 수세미와 달리 녹슬지 않으며 손에도 부담을 주지 않고 금속 가루가 떨어질 걱정도 없다.

사사라는 다와시의 대형판으로 잘게 나눈 대나무를 묶은 것이다. 중국 음식용 냄비 등 커다란 식기를 닦는 요리사에게는 매우 중요한 물건이다.

> 다와시를 즐기는 색다른 방법으로 휴대전화 줄을 들 수 있다. 이 미니어처 다와시는 본래 다와시와 마찬가지로 매우 실용적이다. 손톱이나 금속제 액세서리에 윤을 낸다든지 가려운 곳을 긁거나 마사지할 때도 안성맞춤이다!

5

置物、日用雑貨、服飾品

だるま
こけし
はたき
風呂敷
はんこ
そろばん
名刺
あんか
着物
下駄 / 草履 / 雪駄

5

장식품, 일용잡화, 옷과 장신구

다루마 오뚝이
고케시
하타키 먼지떨이
후로시키 보자기
한코 도장
소로반 주판
메이시 명함
안카 각로
기모노
게타 / 조리 / 셋타

だるま

七転び八起き

(日本のことわざ)

　脚、腕、首のないだるまは、木やプラスチック、石、または竹枠を用いた張り子でつくる人形で、日本各地で目にすることができる。多くは、底が重くて丸い形をしているので倒しても必ず起き上がることから、不屈の精神を表している。名前の由来はインドの禅僧、菩提達磨。禅宗の開祖といわれ、6世紀に中国を旅した人物だ。彼は9

年もの間、脚を動かせなくなるまで壁に向かって瞑想を続け、決して居眠りをしないように、まぶたを切り落としたそうだ。広く知られただるまの赤色はインドの僧侶が着ていた服の色である。

　さまざまなサイズのだるまの販売で知られている寺もある。だるまは、儀式に従って焼いてもらうために毎年寺に返し、そこで新しいものを買うのが通例なのだが、収集家になってしまう人が多い。

　張り子のだるまは、元から目が空白の円になっているものが一般的である。黒い目を1つ入れて願いを込め、願いが叶うと、もう片方にも目を入れるというのが昔ながらの考え方だ。この習慣は江戸時

다루마 오뚝이

칠전팔기
(일본 속담)

다리, 팔, 목이 없는 다루마는 나무나 플라스틱, 돌 또는 대나무 틀을 이용해 종이를 여러 겹 붙여 만든 인형으로 일본 각지에서 볼 수 있다. 보통 다루마는 아랫부분이 무겁고 둥근 모양인데 쓰러뜨려도 반드시 다시 일어서는 특징으로 불굴의 정신을 나타낸다. 이름은 인도의 선승인 보다이 다루마에서 유래했다. 선종 창시자로서 6세기에 중국을 여행한 인물이다. 그는 9년간 다리가 움직이지 않을 때까지 벽을 보고 명상을 했으며 절대 졸지 않기 위해 눈꺼풀을 잘라냈다고 한다. 널리 알려진 다루마의 붉은색은 인도 승려가 입었던 옷의 색깔이다.

다양한 크기의 다루마를 판매하는 절도 있다. 1년간 장식해두었던 다루마를 새것으로 바꿀 때는 그냥 버리는 게 아니라 의식에 따라 절에서 태운 후 공양하는 것이 통례지만 수집하는 사람도 많다. 종이를 겹겹이 붙여 만든 다루마는 원래 눈이 비어 있는 원 모양이 일반적이다. 검은 눈동자를 하나 그려넣어 소원을 빌고 소원이 이루어지면 다른 한쪽 눈에도 눈동자를 그리는 것이 옛날 그대로의 사고방식이다. 이 습관은 에도시대, 관동지역에서 널리 퍼졌다. 당선을 바라는 의원 입후보자들이 거대한 다루마를 자주 사용한다. 당선된 입후보자가 두 번째 눈동자를 붓으로 그려넣는 모습은 아주 좋은 보도사진이 되기 때문이다. 그래도

トリビア	・だるまには、貯金箱になっていて、背中に硬貨の差し入れ口があるものもある。 ・「だるまさん、だるまさん、にらめっこしましょ！笑ったらだめよ！」は、昔からある子供のにらめっこ遊びの唄で、最初に笑った人が負けとなる。

代、関東地方で広まった。当選を願う議員立候補者たちが巨大なだるまを使うことがよくある。当選した立候補者が2つ目の目を筆で入れる姿は格好のシャッターチャンスになるからだ。けれども最近では非常に差別的だという声もある。「両目が開く」ことが成功という表現につながり、目が2つない人は不完全で敗者を示唆することになる、というのがその理由だ。そうしたことから、この習慣はやがて廃れてしまうかもしれない。

こけし

　こけしは特徴的な円筒形の木製人形で、球体の頭部があり、腕と脚がない。こけし彫りは江戸時代後期、北日本の東北地方での建具師や農民たちの間で冬の間の活動として行われてきた。伝統的なこ

よくある質問	**男か女か？それが問題だ！** こけしを女性だと思っている人は多い。けれど、これについては今でも議論が続いている。女性的に見えるこけしは多いが、そうでないこけしもあり、特に黒だけで色づけされたこけしはそうは見えない。こけしの作り手の多くは男性で、こけしを性のないものとみなすようだ。作り手に会うことがあれば、意見を聞いてみよう！

> - 다루마 모양의 저금통도 있다. 등쪽에 동전을 넣게 되어 있다.
> - '다루마 상, 다루마 상, 눈싸움하자! 웃으면 안 돼!'라는 가사로, 예로부터 전해 내려오는 아이들의 눈싸움 노래가 있다. 처음 웃는 사람이 지는 놀이다.

일반상식

최근에는 대단히 차별적이라는 목소리가 높아지고 있다. '양쪽 눈을 뜬다'는 것이 성공이라는 표현으로 이어져 눈이 없는 사람은 불완전한 패자를 나타내는 게 아니냐는 점이 그 이유다. 그러므로 이 습관은 머지않아 없어져 버릴지도 모른다.

고케시

고케시는 특이하게 생긴 원통형 목제 인형으로 둥근 머리 부분이 있고 팔다리는 없다. 고케시 조각은 에도시대 후기, 북일본 동북지역에서 벌목꾼이나 농민 사이의 겨울 활동으로 이루어졌다. 전통적인 고케시는 손으로 그린 얼굴과 꽃무늬 기모노를 입은 모습으로 기모노 색은 대부분 붉은색이고 검은 머리칼에 소박한 얼굴을 하고 있다. 하지만 검은

> **남자냐 여자냐? 그것이 문제다!**
> 고케시를 여자아이라고 생각하는 사람이 많다. 그렇지만 이 문제에 대해서는 지금도 논쟁이 계속되고 있다. 여자아이처럼 보이는 고케시가 많지만 그렇지 않은 고케시도 있다. 특히 검은색으로만 칠해진 고케시는 여자아이처럼 보이지 않는다. 고케시를 만드는 사람들은 대부분 남자인데, 고케시를 성별이 없는 존재로 간주하고 있는 것 같다. 작가를 만날 수 있다면 그들의 의견을 들어보자!

자주 하는 질문

けしは手描きの顔と花柄の着物姿で、着物の多くは赤で描かれ、黒い髪の毛に、素朴な顔立ちをしている。だが、中には黒一色で彩色されたものもある。頭部はしばしばとりはずしができる。宮城県鳴子地方のこけしは、頭部を回すとキュッキュッと音が鳴る仕掛けになっている。

　こけしの歴史はそう長くないため、100年以上たつ骨董品の人形は珍しい。けれど、有名な作り手によるこけしにはかなり高額な値がつく。よいこけしには必ず作り手のサインが底に記してあり、日付と産地が添えられていることも多い。大きさはさまざまで、小さなものから1メートル、それ以上のこけしもある。

　こけしは木目の美しいさまざまな種類の木でつくられる。中でも桜の木は人気が高い。長い年月を経て表面に美しいつやを生むこけしは、ときおり、やわらかい木綿の日本手ぬぐいで磨くとよい。こけしをかたどった装飾品も多く、つま楊枝入れや鉛筆、消しゴム、徳利などがある。こけしづくりが盛んな町では、職人が旋盤を回し、手描きであつらえのこけしをつくってくれることがある。

　独創的で現代風のこけしも多くある。毎年、コンテストが催され、木工芸職人たちがその技術を磨いている。大きな百貨店では、ときおり、展示会を見ることができる。

색으로만 채색한 것도 있다. 머리 부분은 분리할 수 있다. 미야기 현 나루고 지역의 고케시는 머리 부분을 돌리면 끼긱끼긱 소리가 나도록 디자인되어 있다.

고케시의 역사는 그리 길지 않기 때문에 100년 이상 된 골동품 인형은 흔하지 않다. 그렇지만 유명한 작가가 만든 고케시는 꽤 비싼 가격이 붙는다. 좋은 고케시에는 반드시 작가의 서명이 몸통 아래에 적혀 있고 날짜와 생산지가 함께 덧붙여져 있는 것도 많다. 크기는 다양해서 작은 것부터 1미터 이상 되는 고케시도 있다.

고케시는 나뭇결이 아름다운 여러 종류의 나무로 만든다. 그중에서도 벚꽃나무는 인기가 아주 높다. 긴 세월이 지나 표면에 아름다운 광택이 생기는 고케시는 가끔씩 부드러운 면직물인 일본 수건으로 윤을 내주면 좋다. 고케시를 본떠서 만든 장식품도 많다. 예를 들면 이쑤시개 통이나 연필, 지우개, 술병 등이다. 고케시 만들기가 활발한 마을에서는 장인이 돌이판을 이용해 손으로 직접 깎은 맞춤형 고케시를 만들어주기도 한다.

독창적이고 현대적인 고케시도 많다. 매년 경연대회가 열리고 있으며 목공예 장인들이 그 기술을 연마하고 있다. 대형 백화점에서는 가끔 전시회를 열기도 한다.

はたき

はたきは日本版羽ぼうきで、丈夫な布の細い端切れを木や竹、アクリル樹脂などでできた長い柄にくくりつけたもの。はたきは、掃除機をかけたりほうきで掃いたりする前に、ブラインドやカーテン、洋服ダンスの上や照明カバー、カーテンレールなど高いところのほこりをとるのに特に便利である。昔ながらのやり方では、主婦や清掃人は手ぬぐいを頭に巻いて、髪の毛にほこりがつかないようにした。

風呂敷

風呂敷は、大きな1枚布にすぎないが、その隠れた魅力は、多彩な包み方やどんなものでも運べる便利さにある。風呂敷は、木綿や絹、さまざまな合成繊維の布でできている。平均的な大きさはおよそ1メートル四方だが、最大220センチ四方のものまである。

名前は、風呂(お風呂)と敷き(広げる)に由来する。というのも、江戸時代、風呂敷で銭湯へ持っていくものを包み、また、バスマットのように床に広げて敷く習慣が広まったからだ。学生たちは長い間風呂敷で本を包み、女性は田舎の畑でとれた作物を(風呂敷の端を体の前で結んだ)大きな包みにして背負って運び、風呂敷は何を運ぶにも便利だった。だが20世紀になり、さまざまなかばん——ブリーフケース、

하타키 ^{먼지떨이}

하타키는 일본식 먼지떨이로 튼튼한 천의 가느다란 조각들을 나무나 대나무, 아크릴 수지 등으로 만든 긴 대에 잡아맨 물건이다. 하타키는 청소기를 돌리거나 빗자루로 쓸기 전에 블라인드나 커튼, 서랍장 위, 조명 커버, 커튼 대 등 높은 곳의 먼지를 터는 데 특히 편리하게 사용할 수 있다. 예로부터 주부나 청소하는 사람은 수건을 머리에 둘러서 머리카락에 먼지가 내려앉지 않도록 했다.

후로시키 ^{보자기}

후로시키는 커다란 천 한 장일 뿐이지만 다양한 매듭법과 어떤 물건이라도 싸서 옮길 수 있는 편리함에 그 매력이 숨어 있다. 후로시키는 면과 비단, 여러 종류의 합성섬유로 만든 천이다. 일반적으로 약 1미터 크기의 정사각형이지만 최대 220센티미터 짜리도 있다.

명칭은 후로(욕실)와 시키(펼치다)에서 유래한다. 에도시대에는 후로시키를 이용해서 목욕탕에 가지고 갈 물건들을 싸거나 욕실용 매트처럼 바닥에 펼쳐 까는 습관이 널리 퍼졌기 때문이다. 학생들은 오랫동안 후로시키로 책을 싸서 다녔으며 여성들은 시골 밭에서 수확한 작물을 (후로시키의 끝을 몸 앞으로 해서 묶었다) 커다랗게 싸서 등에 짊어지고 날랐다. 이렇게 후로시키는 뭐든지 운반하는 데 아주 편리한 물건이었

リュックサックや買い物袋——が普及で、風呂敷の需要は減っていった。

ところが21世紀初頭、風呂敷は、その魅力や機能性が見直され、また環境に優しく使わないときに場所をとらないものとして、再び人気を取り戻したのである。風呂敷の多様な使い方や包み方を習いに行く人も多い。風呂敷は日本の土産品として人気がある。軽くて持ち運びが楽なうえ、ヘッドスカーフや壁の装飾、テーブルクロスなどさまざまな使い方ができるのがその理由だ。

似たものに、凝った装飾がほどこされた布であるふくさがあり、かつては贈り物を入れた箱を包むのに用いられた。デザインやその素材で送り手の裕福さやセンスが表れる。小さめで簡素なタイプのふくさは、今でも結婚式や葬式の参列者が現金の入った封筒を持ち運ぶのに使われている。また「袱紗」は茶会でも用いられる。

トリビア

- 19世紀後半、イギリスの茶商人の若い娘が、明治天皇に謁見する招待を受けた。その後、娘の家族はふくさに包まれた複数の贈り物を受け取ったが、娘の母はその布をお返しするものとはつゆ知らず、それをとっておいた。その事を知るや、こいつは大変だと夫はすぐに送り返そうとした。だが、天皇は親切にもふくさはとっておくよう伝えた。そのときのふくさは、現在、ロンドンにあるヴィクトリア&アルバート美術館のコレクションに入っている。
- 2006年、「3R」(ゴミを減らす Reducing waste、製品の再利用 Reusing products、資源のリサイクル Recycling resources)の考えに従い、小池百合子環境大臣は、風呂敷の利用復活キャンペーンを始めた。独自の「もったいない」(使わないのは、無駄遣いである)精神で、ペットボトルのリサイクルで生まれた繊維を使った風呂敷を紹介し、スーパーのビニール袋を使う代わりに風呂敷を使うよう、呼びかけた。

다. 그렇지만 20세기에 들어서 여러 종류의 가방 —서류 가방, 배낭, 쇼핑백— 이 보급되어 후로시키의 수요가 줄어들었다.

그러나 21세기 초반에 후로시키는 친환경 제품으로서, 그리고 사용하지 않을 때는 공간을 차지하지 않는 물건으로서 그 매력과 기능성을 재평가받아 다시 한 번 인기를 끌고 있다. 후로시키의 다양한 사용법과 매듭법을 배우러 다니는 사람도 많다. 후로시키는 일본 기념품으로서도 인기가 많다. 가볍고 들고 다니기 편하며 스카프나 벽 장식용, 탁자보 등 여러 상황에서 사용할 수 있기 때문이다.

비슷한 물건으로 정교한 장식 천인 후쿠사가 있다. 예전에는 선물을 넣은 상자를 포장하는 데 썼다. 디자인이나 소재를 보면 보내는 사람의 격이나 센스를 알 수 있었다. 작고 간소한 유형의 후쿠사는 지금도 결혼식이나 장례식에 갈 때 현금이 든 봉투를 넣는 데 쓰인다. 또 다도 모임에서도 사용한다.

- 19세기 후반, 영국 차를 파는 상인의 젊은 딸이 메이지 천황을 알현할 수 있는 초대를 받았다. 그 후 딸의 가족은 후쿠사로 싼 선물을 몇 가지 받았다. 딸의 어머니는 그 천을 돌려줘야 한다는 것을 전혀 모르고 그대로 보관했다. 아버지는 그 사실을 알자마자 큰일이라고 생각해 바로 돌려보내려고 했다. 그렇지만 천황은 친절하게도 후쿠사를 그냥 가져도 좋다고 알려왔다. 그 후쿠사는 현재 런던에 있는 빅토리아 & 앨버트 미술관 컬렉션 가운데 하나다.
- 2006년, '3R[쓰레기 줄이기(Reducing waste), 제품 재활용(Reusing products), 자원 활용(Recycling resources)]' 운동에 따라 고이케 유리코 환경대신은 후로시키 이용의 부활을 알리는 캠페인을 시작했다. 독자적인 '못타이나이(사용하지 않는 것은 낭비와 마찬가지)' 정신에 따라 페트병을 재활용해서 만든 섬유로 제작한 후로시키를 소개했으며, 슈퍼의 비닐봉지를 사용하는 대신 후로시키를 쓰자고 권장했다.

はんこ

　多くの事務処理において、日本は署名の代わりに、または署名に加える形で、各人の判を押す興味深い伝統を守り続けている。それらははんこや印鑑と呼ばれる。毎年膨大な時間を割いて、はんこをつくり、登録し、使用するわけだが、それを時間と労力の無駄と考える人はほとんどいない。署名は判読しにくいことが多く簡単に偽造されてしまうから、というのがその理由だが、実際のところ、はんこにしても大半は偽造がたやすく、当然、はんこを失くしたり、他人に使われたりするとさまざまな問題が起きる。

　かつては象牙がはんこの一般的な材料だったが、現在ではその多くが木や石、プラスチックでつくられている。公式に用いられる実印は地方自治体に登録が必要だ。未登録の通常のはんこで、重要性の低い事務処理に用いられるものは認印と呼ばれる。

　小さな赤のインクパッドである朱肉は、判を押すときに使う。けれど、ふだん使われる(駅員や配達人が使うような)はんこには、自動でインクが出るものが使われている。インクパッドのついたはんこ入れにはさまざまな種類がある。またはんこを入れる美しい絹の小

アドバイス
- はんこは遊び用にしか使わない国がほとんどだが、個人のイニシャルや名前のついたインク入りのはんこがついたペンは人気が高く、手ごろな値段の喜ばれる贈り物となっている。
- 使った後は、はんこに残ったインクをティッシュでふきとるのをお忘れなく。

한코 도장

대부분 사무를 처리할 때 일본에서는 서명을 대신하거나 서명과 더불어 개인 도장을 찍는 흥미로운 전통을 이어가고 있다. 이를 한코나 인칸이라고 부른다. 매년 막대한 시간을 들여 한코를 만들고 등록하고 사용하고 있지만 이를 시간과 노력 낭비라고 생각하는 사람은 거의 없다. 서명은 알아보기가 어렵기도 하고 쉽게 위조될 수도 있다는 것이 그 이유다. 하지만 실은 한코도 대부분 위조하기 쉽고 당연히 잃어버리거나 다른 사람이 사용하는 등 여러 가지 문제가 발생한다.

예전에는 상아가 한코의 일반적인 재료였지만 지금은 대부분 나무나 돌, 플라스틱으로 만든다. 공식적으로 사용되는 지쓰인(인감도장)은 지방자치체에 등록해야 한다. 등록하지 않고 중요도가 낮은 사무 처리에 사용하는 것은 미토메인(막도장)이라고 부른다.

작고 빨간 잉크 패드인 슈니쿠(인주)는 도장을 찍을 때 사용한다. 그렇지만 평소에 쓰는(역원이나 배달원이 사용하는 것 같은) 한코는 자동 잉크가 나오는 것이다. 잉크가 딸린 한코 케이스에는 여러 종류가 있다. 한코를 넣는 아름다운 비단 주머니도 살 수 있다. 외국인도 로마자로 쓴 한코를 만들 수 있지만 공식적 용도로는 가타가나로 새겨 제작한 한

도움말
- 한코는 재미 삼아 쓰는 나라가 대부분이지만 개인의 이니셜이나 이름을 새긴 한코가 달린 펜은 인기가 높고 적당한 가격의 기념품으로 사람들이 좋아하는 선물 가운데 하나다.
- 사용한 후에는 한코에 묻은 잉크를 휴지로 닦는 것을 잊지 말 것.

袋も入手できる。外国人もローマ字のはんこを手に入れることができるが、公式な用途には仮名のはんこがベストだ。

そろばん

そろばんを手に持たずに取引をする
日本人の商人はいない。
(A・M・トンプソン、1911)

　そろばんは数百年前から存在し、現在も速算用に使われている。年配の店主の中には、今でも計算機やレジよりそろばんを好む人がわずかだがいる。そろばんを用いた計算は、たま/珠を動かして計算することから、珠算(しゅざん)と呼ばれる。そろばんは、まさにデジタル計算機である。なぜなら、指(digits)を使って数字(digits)を計算するからだ。使うことで、右脳を刺激するといわれる。

　中国のそろばんが日本に伝わったのは16世紀の間。「天(上段)」に2つの珠、真ん中に水平の梁(はり)があり、「地(下側)」に5つの珠がある古い形だった。この形は、1850年代に天珠が1つとれ、1対5の形になるまで用いられた。その後1930年に地珠が1つとれて、現在の1対4の形が誕生した。天珠はそれぞれ「5」を、地珠はそれぞれ「1」を意味する。そして、位の高い数字は左方向へ10の位、100の位、1000の位などと変

코가 가장 좋다.

소로반 주판

소로반 없이 거래하는
일본인 상인은 없다.
(A. M. 톰슨, 1911)

소로반은 수백 년 전부터 사용해왔고 현재도 셈을 빨리 하기 위한 용도로 쓰고 있다. 나이 든 가게 주인들 중에는 지금도 계산기나 금전 등록기보다 소로반을 선호하는 사람이 간혹 있다. 소로반을 쓰는 셈은 다마/슈(주판알/구슬)를 움직여서 계산하기 때문에 슈잔이라고 한다. 소로반은 틀림없는 디지털 계산기다. 왜냐하면 손가락(digits)을 사용해 숫자(digits)를 계산하기 때문이다. 소로반을 사용하면 우뇌를 자극할 수 있다고 한다.

중국 주판이 일본에 전해진 것은 16세기 때 일이다. '천(상단)'에 2개의 알, 중앙에 수평의 가름대, '지(하단)'에 5개 알이 있는 옛 형태였다. 이 형태는 1850년대에 천의 알이 1개가 되어 1 대 5 형태가 될 때까지 사용되었다. 그 후 1930년에 지의 알 1개가 없어지면서 지금의 1 대 4 형태가 탄생했다. 천의 알은 각각 '5'를, 지의 알은 각각 '1'을 의미한다. 그리고 단위가 높은 숫자는 좌측 방향으로 10, 100, 1000의 순서로 변해

> **アイデア**　「地」珠が5つついた古い木製のそろばんは、骨董店やフリーマーケットで手ごろな値段でしばしば見つけることができる。長年使われてできたつやがあり、持ち主や店、会社の名前が裏に彫られていることがよくある。ディスプレイとしても魅力的な置物で、木製のカバーがついたものもある。

わっていく。つまり、縦5列の珠がついたそろばんは99,999まで計算できることになる。フルサイズのそろばんは27列で、大きな数字の計算を処理することができる。

そろばんの教室やテストは、脳を刺激する優れた楽しみとしてとらえられており、子供から大人まで、今でも多くの人から愛されている。そろばんテストでは驚くほど早い計算が行われている。実際、多くの人は単にそろばんを思い描くだけで、簡単に計算ができてしまう。

名刺

ネームカード、ビジネスカード、コーリングカードなどその呼び方はどうであれ、名刺は日本の人脈づくりに欠かせない役割を担っている。身元を示すだけでなく、非常に便利な参考資料としての役目もある。というのも、たいていの名刺には必要な連絡先がすべて入っているからだ。会社員なら、その人の地位、役職、会社名や住所、支店や課の電話番号といった情報を名刺に載せる。特殊な職業や製

> '지'의 알이 5개였던 옛 목제 소로반은 골동품점이나 벼룩시장에서 적당한 가격에 구입할 수 있다. 오랫동안 써서 생긴 광택이 남아 있고, 물건의 주인 이름이나 가게 이름, 회사 이름이 뒷면에 새겨져 있는 경우도 종종 있다. 진열해도 매력적인 장식품으로서 목제 커버가 딸린 것도 있다. **아이디어**

간다. 즉, 세로 5열의 구슬이 있는 소로반은 99,999까지 계산할 수 있다. 제일 큰 소로반은 27열까지 있어서 큰 숫자의 계산을 처리할 수 있다.

소로반 학원에 다니는 것이나 소로반 시험은 뇌를 자극하는 훌륭한 셈법이라는 인식이 자리 잡고 있어서 아이부터 어른에 이르기까지 지금도 많은 사람에게 사랑받고 있다. 소로반 시험에서는 놀라울 정도로 빠른 계산이 행해진다. 실제로 많은 이들이 그저 소로반을 연상하는 것만으로도 간단히 계산할 수 있다.

메이시 명함

네임카드, 비즈니스카드, 콜링카드 등으로 부르는 메이시는 일본인의 인맥 만들기에서 빠질 수 없는 역할을 맡고 있다. 신분을 알리는 것뿐만 아니라 참고 자료로서도 대단히 편리한 역할을 한다. 왜냐하면 대부분의 메이시에는 필요한 연락처가 전부 들어 있기 때문이다. 회사원이라면 지위, 직함, 회사명, 주소, 지점이나 과 전화번호 등의 정보를 메이시에 넣는다. 특수한 직업군(예를 들어 전문 연구원이나 프리랜서 등) 가운데 메이시를 이용하는 사람들도 있다.

エチケット	・名刺のほとんどは標準サイズで、縦書きでも横書きでもかまわない。けれど、一般的な日本の名刺入れより大きな名刺は考えものだ。海外のソフトウェアで自分のカードを印刷するときは注意が必要である。 ・名刺の扱いは慎重に。名刺はその人の延長線上にあると心得よ！ ・相手が席をはずす前に、他人の名刺に書き込みをするのはマナー違反。 ・名刺をしまう前に、相手の名前を必ず覚えること。相手がいる前で名刺を確認するのは大変失礼にあたる。

品の広告に名刺を利用する人もいる。

　名刺交換は、人と会い、互いを紹介し合うときに、会話を始めるよいきっかけになる。名刺を持っていないと、お近づきになるせっかくのチャンスを失ってしまうことになる。

　むずかしい漢字や珍しい読み方をする名前で、漢字の上にふりがながついていなかったり、ローマ字読みが名刺にないとときどき困ったことになる。だからこそ、名刺を受け取ったらすぐに相手の名前を確認することが大切だ。

あんか

　日本の家庭用暖房具は、第二次世界大戦以降、さまざまな変化をとげてきた。寝床を暖めるのに初めは木炭を用いていた。木あるいは石でできた小型の覆箱の中に火鉢を置いたものを、布団の中に入れたのである。これはあんかと呼ばれ、後に豆炭が木炭にとって代

> **에티켓**
>
> - 대부분의 메이시는 표준 크기로서, 세로쓰기든 가로쓰기든 상관없다. 그렇지만 일반적인 일본의 메이시 지갑보다 크기가 큰 것은 조금 고려해야 한다. 해외 소프트웨어를 사용해 자신의 메이시를 인쇄할 때는 주의할 필요가 있다.
> - 메이시는 신중하게 다루자. 메이시는 건네준 사람의 연장선에 있음을 이해할 것!
> - 상대방이 자리를 뜨기 전에 다른 사람의 메이시에 무언가를 적는 것은 예의에 어긋난다.
> - 메이시를 넣어두기 전에 상대방 이름을 반드시 기억해둘 것. 상대방 앞에서 메이시를 다시 확인하는 것은 대단히 실례다.

메이시 교환은 사람들과 만나거나 서로를 소개할 때 이야기를 시작할 수 있는 좋은 기회가 된다. 메이시를 가지고 있지 않으면 모처럼 온 기회를 놓칠 수도 있다.

어렵거나 읽기 힘든 한자 이름에 후리가나를 달아놓지 않거나 로마자를 표기해두지 않으면 가끔 곤란해질 수 있다. 그러므로 메이시를 받으면 바로 상대방의 이름을 확인하는 것이 중요하다.

안카 ^{각로}

일본 가정용 난방 기구는 제2차 세계대전 이후 다양한 변화를 겪어왔다. 잠자리를 따뜻하게 하기 위해 처음에는 목탄을 사용했다. 나무 또는 돌로 만든 소형 틀 안에 히바치(화로)를 놓고 이불 안에 넣었다. 이것을 안카라고 하는데 나중에는 목탄 대신 조개탄을 사용했다. 이후 전기담요와 핫팩의 특성을 겸비한 전기식 안카가 탄생해서 지금까지 사용되고 있다. 밤새 따뜻함을 유지한다는 점에서는 핫팩에 비해 우월하지만 전

| トリビア | 体を温めるカイロが登場してずいぶんたつ。最初は金属製の容器に入ったもので、酸化反応によって熱を生み出し、人々は下着やパジャマの内側に忍ばせることができた。今日、ほとんどの人が、暖かさが数時間もつ小さな使い捨てカイロを使っている。それはやわらかい袋入りで、振るだけで温かくなる。服の内側に貼りつけたり靴の中に入れたりすることができるものもある。 |

わった。それから、電気毛布と湯たんぽの特性を兼ね備えた、電気式のあんかが誕生し、今でも使われているものがある。夜の間ずっと暖かさを維持できる点では湯たんぽに勝るが、接続コードには注意が必要だ。

着物

着物はすたれてきている……。
女性が、洋服を広く受け入れることを
思いとどまらせる要素の1つに、
着物でせっかく上手に隠したぶざまな体型を
さらけ出してしまう恐怖がある。
(フランク・H・リー、1935)

今日、伝統的な着物を日常的に着る日本人はほんの一部だ。しかし、特別なフォーマルな場面では今でもふつうに用いられている。

> 몸을 따뜻하게 해주는 가이로(손난로)가 등장한 지 꽤 된다. 처음에는 금속제 용기에 들어 있어서 산화 반응에 의해 열이 발생했고, 사람들은 속옷이나 잠옷 안쪽에 넣어서 사용했다. 오늘날 대부분의 사람들은 몇 시간씩 따뜻함이 유지되는 일회용 소형 가이로를 사용하고 있다. 이것은 부드러운 주머니 안에 들어 있으며 흔들기만 하면 따뜻해진다. 옷 안쪽에 붙이거나 신발 안에 넣을 수 있는 제품도 있다.

선줄에는 주의할 필요가 있다.

기모노

> 기모노는 점점 사라져가고 있다······.
> 여성들이 서양식 옷을 받아들이는 것을
> 단념하게 되는 요소 가운데 하나는,
> 기모노로는 멋지게 가려졌던 볼품없는 체형이
> 다 드러나버리고 만다는 공포감이다.
> (프랭크 H. 리, 1935)

오늘날 전통적인 기모노를 일상복으로 입는 일본인은 그 수가 아주 적다. 그러나 특별하고 형식적인 장소에서는 지금도 자주 입는다. 새로운 고급 기모노 세트는 수백만 엔짜리도 있다. 기모노는 사실 네모나게 접어 입는 간단한 옷으로, 특별히 사이즈가 있는 것은 아니다. 즉, 대대로 물려받아 입을 수 있다. 그러나 여성용 기모노에는 많은 부속품과

新しい高級な着物セットは数百万円することもある。着物は、実のところ四角くたためる簡単な服で、特定のサイズがない。つまり、代々受け継ぐことができる。だが、女性の着物には多くの付属品やアクセサリーがあり、着物を着るには複雑な工程を踏まなければならず、助けなしに着付けができるようになるには、多くの練習が必要だ。

　女性の着物には2種類の基本的なスタイルがある。とても長くゆったりとした袖のついた振袖は未婚女性が、そしてふつうの長さの袖の留袖は既婚の女性が着る。デザインや色使いは無数にあるが、女性が年齢を重ねるにつれ、色味は徐々に控えめになる。重要な要素は幅の広い帯、髪飾りのかんざし、そして色鮮やかな着物用の小袋、巾着である。長袖の白いエプロンは割烹着といわれ、着物を汚さないよう、台所や旅館などで着物の上から身につける。

　最もフォーマルなタイプの男性用着物は、通常は黒で、着物に、ズボンのような袴、丈の長い、ゆったりとした羽織と呼ばれる上着

豆知識　着物姿で写真を撮るのを楽しむ外国人女性は多いが、本当の着物の優雅さは、正しい歩き方、適切な振る舞いやエチケットによるところが大きいこと、プラス特に食事の際、ある種の苦痛がともなうことを心に留めておくのが賢明だ。

액세서리가 딸려 있어서 기모노를 입을 때 복잡한 과정을 거쳐야 하고 다른 사람의 도움 없이 기모노를 입기 위해서는 많은 연습이 필요하다.

여성의 기모노에는 두 종류의 기본 스타일이 있다. 소매가 아주 길고 풍성한 후리소데는 미혼 여성이, 그리고 소매 길이가 보통인 도메소데는 기혼 여성이 입는다. 디자인이나 색상은 다양하지만 나이가 든 여성의 기모노일수록 색감은 점점 은은해진다. 중요한 부속품은 폭이 넓은 허리띠 오비, 머리 장식품인 간자시, 산뜻한 색의 기모노용 작은 주머니 긴차쿠다. 긴 소매가 달린 흰색 에이프런은 갓포기라고 하며 기모노를 더럽히지 않기 위해 부엌이나 온천여관 등에서 기모노 위에 입는다.

가장 형식적인 유형의 남성용 기모노는 보통 검은색이며 바지와 비슷한 하카마, 길이가 길고 풍성한 윗옷인 하오리로 구성되어 있다. 남성도 여성도 엄지발가락 부분이 나눠져 있는 다비라는 버선을 신는다.

가볍고 캐주얼한 유카타는 남녀 모두 여름철 집에서 편히 쉴 때, 온천여관에 묵을 때, 축제 때 입는다.

> 기모노를 입고 사진 찍기를 좋아하는 외국인 여성이 많지만 사실 기모노의 우아함은 바르게 걷는 법, 적절한 움직임과 예의에서 나오는 것이다. 특히 식사할 때 모종의 고통이 따른다는 것을 마음에 새겨두는 것이 현명하다. **토막상식**

からなる。男性も女性も指の分かれた足袋をはく。

　軽やかでカジュアルな浴衣は、男性も女性も、夏場に家でくつろぐときや、旅館に泊まるとき、祭りの際に着る。

下駄 / 草履 / 雪駄

……カラン、コロンと鳴る木靴の音は、
通りに陽気な音楽を奏でる。
(A・M・トンプソン、1911)

　足の親指と人さし指の間に挟むV字型のひも(鼻緒)のついた外用の履物には3種類あり、どれも指の分かれたかかとまでの靴下である足袋と一緒に履く。

　下駄は長方形の木製の履物で、長方形の平らな板に、ビロードや革、布で覆われた麻やわらでできた鼻緒がついている。19世紀の労働者たちの写真に目を凝らせば、昔は男性にも女性にも、下駄が一般的な履物であったことが見てとれる。たいてい軽くて多孔性のきりや杉の木を使ってつくられ、カシやモクレンでできた2つの板がついて地面から浮かせている。下駄丸ごと1枚の木でできている場合もある。下駄を履いて歩くにはちょっとした訓練が必要だ。フォーマルな場面では下駄は履かないが、夏の着物である浴衣と合わせて履

게타 / 조리 / 셋타

……탁탁탁탁 울리는 나무 신발 소리는

거리에 흥겨운 음악을 연주한다.

(A. M. 톰슨, 1911)

   엄지발가락과 둘째 발가락 사이에 끼는 V자형 끈(하나오)이 달린 실외용 신발에는 세 종류가 있다. 전부 발가락 부분이 나눠져 있고 발목까지 올라오는 버선인 다비와 함께 신는다.

   게타는 직사각형 목제 신발이다. 평평한 판에 벨벳이나 가죽, 천으로 감싼 삼베나 짚으로 만든 하나오가 달려 있다. 19세기 노동자들의 사진을 잘 들여다보면 옛날에는 남성과 여성 모두에게 게타가 일반적인 신발이란 것을 알 수 있다. 보통 본판은 가볍고 통기성이 좋은 오동나무나 삼나무로 만들고, 본판 밑에 붙은 굽 2개는 떡갈나무나 목련나무로 만든다. 게타 하나를 한 종류의 나무로만 만드는 경우도 있다. 게타를 신고 걷는 데는 훈련이 조금 필요하다. 예의를 차려야 하는 장소에서는 신지 않지만 여름에 입는 기모노인 유카타와 함께 자주 신는다. 여름에는 시원해서 기분 좋고 걸을 때 나는 탁탁 소리가 경쾌하게 들린다. 또 비가 올 때도 편하다. 특별 사양으로서 비가 오는 날 신는 게타는 가죽이나 플라스틱으로 만든 커버가 발 앞부분을 덮고 있으며 굽이 높다. 이것은 아시다라고 한다. 헤이안시대 게타의 이름이다.

   조리는 나무, 가죽, 짚으로 만든 샌들로 주로 여성이 기모노와 함께

くのはよくあることだ。夏場は心地よい涼しさがあり、歩けばカラン、コロンと小気味よい音が鳴る。また、雨の日には便利だ。特別仕様の雨の日用の下駄には革やプラスチックでできたつま先のカバーがついていて、支え部分が高くなっている。それは足駄と呼ばれ、平安時代の下駄の名前である。

草履は木、革、わらでできたサンダルで、主に女性が着物に合わせて履く。さまざまなスタイルがあり、多くがかかとにかけて高くなり、金襴や革で覆われている。コルクやゴムの底がついた草履や、雨の日用につま先にカバーのついているものがある。

平らな雪駄は祭りの参加者や着物を着る男性が履き、わらで編んだビーチサンダルに似ている。だが雨の日や雪の日でも滑らないように、金属製のかかと当てや革製の底がついている。

トリビア

- 草履は、昔、子供の無病息災を願って家の外につり下げた。
- わらで編んだサンダルであるわらじは、かつて巡礼や登山用の一般的な履物であったが、今では祭りで履くぐらいだ。富士山の登頂には何足ものわらじが必要で、19世紀の旅人たちは、履き捨てられたわらじが山の頂上までずらりと続いているのが遠くから見えたと言っている。少なくとも、わらじなら土に返るだろう！
- 下駄の特別な用途として、スケート用にブレードをつけたすべり下駄がある。山形県米沢市では、毎年、すべり下駄大会が開かれる。

신는다. 스타일이 다양하며 대부분 뒷굽이 높고 비단이나 가죽으로 싸여 있다. 밑바닥이 코르크나 고무로 된 조리 외에 우천용 커버가 달린 조리도 있다.

평평한 셋타는 축제 참가자나 기모노를 입은 남성이 신으며 짚으로 만든 비치 샌들과 비슷하다. 그렇지만 비가 오는 날이나 눈이 오는 날에는 미끄러지지 않도록 금속제 굽이나 가죽 밑창을 댄다.

- 옛날에는 아이의 무병을 기원하며 조리를 집 밖에 걸어두었다.
- 짚으로 엮어 만든 샌들인 와라지는 예전에 순례를 떠날 때나 산에 오를 때 신는 신발이었지만 지금은 축제가 있을 때만 신는 정도다. 후지 산을 오를 때는 와라지가 몇 켤레씩이나 필요해서 19세기 여행자들이 신다 버린 와라지가 산 정상까지 계속 이어져 있는 것을 멀리에서도 볼 수 있었다고 한다. 적어도 와라지라면 흙으로 돌아가 분해될 것이다!
- 특별한 용도로 신는 게타로 스케이트용 날을 단 스베리게타가 있다. 야마가타 현 요네자와 시에서는 매년 스베리게타 대회가 열린다.

일반상식

6

食べ物

みりん
しょうゆ
かつおぶし
味噌
ふりかけ
のり / わかめ / 昆布 / ひじき
一味 / 七味 / 山椒
わさび
豆腐
油揚げ / 厚揚げ
納豆
うどん / そば / そうめん
こんにゃく
梅干し
漬物
かまぼこ / ちくわ / はんぺん

6

음식

미림
쇼유 간장
가쓰오부시
미소
후리카케
노리 김 / 와카메 미역 / 곤부 다시마 / 히지키 톳
이치미 / 시치미 / 산쇼 산초
와사비 고추냉이
도후 두부
아부라아게 / 아쓰아게
낫토
우동 / 소바 / 소멘
곤냐쿠 우무
우메보시
쓰케모노
가마보코 / 지쿠와 / 한펜

みりん

　照り焼きのつや出しに使うみりんは、砂糖の代わりになるとても甘い酒の一種。酒が一般的に手に入るようになるまでは、高級酒として飲まれていた。今ではよく「甘い料理酒」といわれる。蒸した米、米麹と焼酎(蒸留酒)からつくられる。1996年まで、販売にはライセンスが必要だったため、アルコールを売る店でしか手に入らなかった。純正のみりんには約14%のアルコール成分に加え、約40~50%の糖分が含まれる。1%以下のアルコール成分や化学調味料やとろみのある麦芽シロップでつくるみりん風味の調味料と区別して、本みりんと呼ぶこともある。

しょうゆ

　調味料は、日本料理に一般的に用いるさまざまな種類のスパイスの総称で、塩、砂糖、酢、しょうゆ、味噌、からし、わさび、グルタミン酸ソーダやウスターソースなどがある。

　しょうゆは、おそらく日本の調味料で一番重要なものだ。塩分は約20%まで含まれ、調理に用いたり、つけたりかけたりして使う。しょうゆの80%は伝統的な製造方法(本醸造)で醸造される。蒸した大豆、塩、焙煎した小麦と酵母菌でつくる。塩水ともろみを混ぜた培養

미림

데리야키에 윤을 내기 위해 사용하는 미림은 설탕 대신에 쓰는 아주 단맛이 나는 술의 한 종류다. 일반적으로 술을 마시게 되기 전까지는 고급 술로서 취급되었다. 지금은 '단 요리 술'이라고 부른다. 찐 쌀과 누룩, 소주(증류주)로 만든다. 1996년까지는 판매하려면 허가가 필요했기 때문에 알코올 류를 파는 가게에서만 구입할 수 있었다. 순정 미림은 약 14% 알코올 성분과 약 40~50% 당분을 포함하고 있다. 1% 이하의 알코올 성분과 화학조미료, 걸쭉한 엿기름으로 만드는 미림풍 조미료와 구별하기 위해 본미림이라고 부르기도 한다.

쇼유 간장

조미료는 일본 요리에 일반적으로 쓰이는 다양한 양념의 총칭으로 소금, 설탕, 식초, 쇼유, 미소, 겨자, 와사비, 글루탐산소다, 우스터소스 등이 있다.

쇼유는 아마 일본 조미료 가운데 가장 중요한 양념일 것이다. 염분은 약 20%이며 조리할 때 넣거나 뿌리거나 찍어서 먹는다. 쇼유의 80%는 전통적인 제조 방법(혼조조)으로 양조한다. 찐 콩, 소금, 볶은 밀, 효모균이 재료다. 소금물과 엿기름물을 섞은 배양액을 삼나무통에서 최대 2년간 발효시킨 후 살균한다. 제조 기간이 짧은 것은 품질이 떨어진다.

液を杉の樽で最長2年まで発酵させた後、殺菌する。短い期間で製造されたものは品質が落ちる。

　しょうゆには質、種類、用途が豊富にあり、製造工程によってタイプが異なる。濃口しょうゆは、大豆と小麦およそ半々からなり、色も味も濃く、塩分が少ない。特に東京周辺の関東地方では、食卓で最も一般的に用いられるしょうゆだ。薄口しょうゆは、色が薄く、塩分が強い。料理に使われることが多く、大阪周辺の関西地方でよく使われる。たまりは、小麦を使わず、ほぼ大豆でつくる。甘みがあり、刺し身とよく合う。

　ポン酢じょうゆは、単にポン酢と呼ばれることが多く、しょうゆと柑橘類(特に苦みのあるミカンであるすだち)の絞り汁を混ぜたもので、みりん、かつおぶし、昆布で味付けされている。しゃぶしゃぶなど、さまざまな料理のつけ汁として使われる。

トリビア

さ・し・す・せ・そ

昔ながらの知恵に基づいた、和風料理のための基本的な調味料とその使用順序を表した約束ごとが、世代を超えて受け継がれている。「さ・し・す・せ・そ」である。「さ」は砂糖、「し」は塩、「す」は酢、「せ」は正油(しょうゆ)で、「そ」は味噌。砂糖はゆっくりと浸透するので、最初に入れて味付けする。けれど、塩は水分を引き出すので、あまり早く入れると材料が硬くなってしまう。酢、しょうゆ、味噌は、後で加えることでその風味が失われない。

쇼유는 품질, 종류, 용도가 풍부하고 제조 공정에 따라 유형이 달라진다. 진한 맛 쇼유는 콩과 밀의 비율이 반반이고 색과 맛이 강하며 저염분이다. 특히 도쿄 주변의 관동지역 식탁 위에서 가장 일반적으로 사용되는 쇼유다. 묽은 맛 쇼유는 색이 옅고 염분이 강하다. 요리에 주로 사용되며 오사카 주변 관서지역에서 많이 쓴다. 다마리라는 쇼유는 밀 대신 거의 콩으로만 만든다. 단맛이 있고 생선회와 잘 어울린다.

폰스조유는 간단하게 폰스라고 부른다. 간장과 감귤류(특히 씁쓸한 맛이 나는 종류의 오렌지인 스다치) 즙을 섞은 것으로 미림, 가쓰오부시, 다시마로 맛을 낸다. 샤브샤브 등 여러 요리를 먹을 때 찍어 먹는다.

사・시・스・세・소

일본 음식을 만들 때 선조들의 지혜를 바탕으로 한 기본적인 조미료와 그 사용 순서를 나타낸 약속이 세대를 초월해 이어져 내려오고 있다. '사・시・스・세・소'가 그것이다. '사'는 설탕(사토), '시'는 소금(시오), '스'는 식초(스), '세'는 간장(쇼유), '소'는 미소다. 설탕은 천천히 스며들기 때문에 맨 처음 넣어서 맛을 들게 한다. 소금은 수분을 빼내기 때문에 너무 빨리 넣으면 재료가 단단하게 굳어버린다. 식초, 간장, 미소는 나중에 넣어서 그 맛을 잃지 않게 한다.

일반상식

かつおぶし

　夏の北海道沖、秋には九州・四国沖でとれる魚であるかつおは、英語ではしばしば「ボニート」と呼ばれるが、今では「スキップジャック」の名のほうが広まりつつある。17世紀に発明された複雑な工程で、切り身をゆで、燻製(くんせい)にし、天日干しをしてからカビを自然繁殖させると、優れた独特の日本の味を生み出し、日本料理には欠かせない味と香りとなる。1枚の木のような硬い塊はかつおぶしと呼ばれ、何年も保存がきく。オレンジ色の、かつおぶしを削ったもの(削りぶし)は、さまざまな用途に用いられ、特にだしの味付けや、豆腐などの料理のつけ合わせに使う。お好み焼きのような熱い料理の上に散らすと、まるで生きているようにゆらゆらと動く。

　昔は、削り箱と呼ばれるかつおぶし用の箱が広く使われていた。近ごろでは、ほとんどの人が袋入りの削り節(花かつお)を買うとはいえ、削りたてのかつおぶしは格別だ。

　なまりぶしは燻製したかつおで、しっとりとしていてナイフで簡単に切ることができる。ゆでた野菜と一緒に食べることが多い。

トリビア	かつおぶしの質は2つの塊をたたき合わせたときの音でわかる。

가쓰오부시

가쓰오(가다랑어)는 여름에는 홋카이도 바다, 가을에는 규슈와 시코쿠 바다에서 잡힌다. 영어로는 '보니토(bonito)'라고 하며, 지금은 '스킵잭(skipjack)'이라는 이름으로 널리 알려져 있다. 17세기에 발명된 복잡한 공정으로 생선 토막을 삶아 훈제한 후 햇볕에 말려 곰팡이를 자연 번식시키면 뛰어나고 독특한 일본의 맛을 내기 때문에 일본 음식에서 빼놓을 수 없는 맛과 향이다. 나무처럼 딱딱한 가쓰오 덩어리를 가쓰오부시라고 하며 몇 년간 보존할 수 있다. 얇게 깎은 오렌지색 가쓰오부시(게즈리부시)는 다용도로 사용한다. 특히 국물 맛을 내거나 두부 등의 요리에 곁들인다. 오코노미야키 같은 뜨거운 음식 위에 흩뿌리면 마치 살아 있는 것처럼 흔들흔들 움직인다.

예전에는 게즈리바코라고 하는 가쓰오부시용 상자를 썼다. 요즘은 대부분의 사람들이 봉지에 들어 있는 게즈리부시(하나가쓰오)를 구입하지만 막 깎아낸 가쓰오부시는 각별하게 취급된다.

나마리부시는 훈제한 가쓰오다. 수분이 남아 있어서 그렇게 단단하지 않기 때문에 칼로 쉽게 자를 수 있다. 보통 삶은 야채와 함께 먹는다.

가쓰오부시의 품질은 덩어리 2개를 부딪혔을 때 나는 소리로 알 수 있다.

味噌

　タンパク質が豊富な味噌は日本料理に欠かせない要素の1つだ。少なくとも7世紀には存在し、米飯(貧しい人々には大麦飯)に、味噌汁と漬物という標準的な食事は、僧侶たちによって13世紀ごろに確立された。味噌は栄養価が高く、独特な香ばしい風味を添える。特に、味噌汁は世界中に知られている。野菜や魚、漬物(味噌漬け)を保存するためにも用いられる。固めのペーストで、通常、赤みがかった茶色をしていて、ゆでてつぶした大豆に塩、麹(米や大麦、小麦や豆からできる発酵材料)でつくられる。古くは、そうして混ぜたものをわらに包んで、2カ月から2年の間そのまま発酵させた。色や味は、材料や製法、発酵期間によってさまざまだ。麹の成分が多ければ多いほどより甘い味になり、発酵期間が短くなれば、豆本来の色に近い薄い色の味噌になる。反対に発酵期間が長くなると色は濃くなり、茶色味が増す。

　日本各地で好まれる味噌の種類はさまざまで、最も一般的な本州タイプの赤味噌は赤みがかった米味噌のことで、塩分が10~20%、蒸した大豆と米麹でつくられる。塩分の高い種類(辛口)は北海道や東北、四国の一部でよく使われ、麦味噌は麦麹でつくられ、九州でよく用いられる。色の濃い、固めの八丁味噌(豆味噌ともいう)は、大豆、豆麹、そして塩だけでつくられ、名古屋地域で人気があり、赤だしとして用いられることが多い。まろやかな白味噌(塩分5~6%)はゆでた

미소

 단백질이 풍부한 미소는 일본 음식에서 뺄 수 없는 것 가운데 하나다. 적어도 7세기 무렵부터 존재했으며, 쌀밥(가난한 사람들은 보리밥)에 미소시루(미소로 끓인 국)와 절인 야채를 곁들인 표준적인 상차림은 승려들에 의해 13세기경 확립되었다. 미소는 영양가가 높고 구수한 맛이 독특하다. 특히 미소시루는 세계에 널리 알려져 있다. 야채와 생선, 절인 야채(미소즈케)를 보존하기 위해서도 사용된다. 조금 무른 고체 상태의 양념으로 보통 적갈색을 띠며, 삶아서 으깬 콩에 소금과 누룩(쌀이나 보리, 밀이나 콩으로 만드는 발효 재료)을 더해 만든다. 옛날에는 이렇게 섞어서 만든 것을 짚에 싸서 2개월에서 2년 동안 발효시켰다. 빛깔과 맛은 재료와 제조법, 발효 기간에 따라서 다양하다. 누룩 성분이 많으면 많을수록 더욱 단맛이 나고 발효 기간이 짧으면 짧을수록 콩 본래의 빛깔에 가까운 엷은 색의 미소가 된다. 반대로 발효 기간이 길어지면 갈색이 더욱 진해진다.

 일본 각지에서 사랑받는 미소는 종류가 다양하다. 가장 일반적이며 본토 유형인 아카미소는 붉은색이 두드러진 고메미소로 염분이 10~20%이고 찐 콩과 쌀누룩으로 만든다. 염분이 높은 종류(가라쿠치)는 홋카이도, 도호쿠, 시코쿠 일부에서 쓰고 무기미소는 보리누룩으로 만들며 규슈에서 흔히 사용한다. 빛깔이 진하고 조금 더 수분이 적은 핫초미소(마메미소라고도 한다)는 콩, 콩 누룩, 소금만으로 만들며 나고야 지역에서 인기가 있고 아카다시(붉은 미소로 끓인 국) 국물을 내는 데 주로

> トリビア　かつてはどの家庭でも自家製の味噌をつくり、自慢の味の味噌汁をつくった。「手前味噌」は「自讃」を意味し、謙遜表現の「手前味噌ですが……」は、自慢話の前置きに使われる。

大豆でつくられ、値段も高く、西日本で好まれる。最も「甘み」があるのは、京都の西京味噌。塩分はわずか5%ほどで、大豆より穀物の割合が高い。

　特殊な味噌はよく薬味として供される。朝食の定番である味噌汁は味噌と魚からとるだしでつくられ、野菜や豆腐を入れてつくる。

ふりかけ

　たいていの日本人が、ほかほかの白いご飯そのもののうまみを知っている。けれど、それは実のところ、塩やバターなど何も味をつけないポテトを食べるようなものだ。事実、ご飯はさまざまなトッピングと組み合わせて食べることがよくある。最も簡単なものがふりかけで、ご飯の上にふりかける粉末で、子供にとても人気がある。ひいて細かくした干し魚、塩、あぶった海藻そしてゴマなど、さまざまな食材が含まれる。小さな袋売りで、ご飯1、2杯分の分量が入って

> トリビア　今やふりかけは宇宙食としても用いられる。

> 예전에는 어느 가정에서든 직접 미소를 만들어서 그 가정 고유의 맛을 내는 미소시루를 만들었다. '데마에미소'는 '자기를 칭찬하는 것'을 의미하고, 겸손하게 "데마에미소데스가……"라고 말하는 것은 자랑하기 전에 쓰는 표현이다.

쓴다. 부드러운 맛의 시로미소(염분 5~6%)는 삶은 콩으로 만들며 가격이 비싸고 서(西)일본에서 즐겨 먹는다. 가장 '단맛'이 나는 것은 교토의 사이쿄미소다. 염분은 5%뿐이고 콩보다 곡물 비율이 높다.

특수한 미소는 양념으로 내기도 한다. 아침 식사에 항상 등장하는 미소시루는 미소와 생선으로 국물을 내고 야채와 두부를 넣어서 만든다.

후리카케

대부분의 일본인은 막 지은 흰쌀밥의 맛을 잘 알고 있다. 그렇지만 그것은 사실 소금이나 버터 등 아무것도 맛을 더하지 않은 감자를 먹는 것과 같다. 밥은 여러 가지 반찬과 함께 먹는다. 제일 간단한 것이 후리카케라는 밥 위에 뿌리는 가루로, 아이들에게 매우 인기가 있다. 잘게 썰어 건조한 생선, 소금, 말린 해초, 깨 등 여러 가지 식재료가 포함되어 있다. 작은 봉지에 넣어서 팔고 밥 한 그릇이나 두 그릇 분량이 들어 있다. 차조기잎, 무잎, 작은 생선, 새우, 가쓰오부시, 건조시킨 달걀 등 좋아하는

> 현재 후리카케는 우주 식량으로도 사용되고 있다.

いる。しその葉、大根の葉、小魚、エビ、かつおぶしや乾燥卵など、お好みの材料をミキサーにかけて、オリジナルのヘルシーなふりかけをつくる人もいる。

のり/わかめ/昆布/ひじき

あの食事ではうんざりするほど
たくさんの海藻類が出されて……。
(ローレンス・オリファント、1859)

　島国である日本の料理には、常にあらゆる海の幸が用いられてきた。ミネラル豊富でカロリーフリーの多種多様な海藻類、昆布、のりも例外ではない。
　のりは干して、通常のサイズのシートに切ってあぶれば、のり巻きに用いられる、おなじみの緑や黒ののりができあがる。朝食には、数枚の小さなのり(焼きのり)が便利なセロファンの袋入りでついてくる。はしを巧みに使って、のりを軽くしょうゆにつけてからご飯の上にのせ、両端を押さえて、ひと口サイズののり巻きご飯ができあがる。しょうゆやみりんで味つけしたものを味付けのりという。のりは、さまざまな種類のせんべい(ライス・クラッカー)にも用いられる。青のりと呼ばれる緑藻類の一種は、乾燥させて、細かく刻み、

재료를 믹서에 갈아서 건강에 좋은 오리지널 후리카케를 직접 만드는 사람도 있다.

노리^김 / 와카메^{미역} / 곤부^{다시마} / 히지키^톳

식사 때는 지겨울 정도로
많은 해조류가 나와서……
(로런스 올리펀, 1859)

섬나라인 일본의 음식에는 항상 온갖 해산물이 사용되어왔다. 풍부한 미네랄을 포함하고 있고 무열량인 각종 해조류, 곤부, 노리도 물론 예외일 수 없다.

노리는 말린 후 통상 크기로 잘라서 구우면 노리마키(김초밥)에 사용할 수 있고, 우리가 잘 아는 녹색과 검은색 노리가 완성된다. 아침 식사에는 노리(구운 것) 몇 장이 뜯기 좋게 포장된 봉지에 담겨 나온다. 젓가락을 잘 다뤄서 노리를 간장에 살짝 찍은 후 밥 위에 얹어 양쪽 끝을 모아 싸면 한 입 크기의 노리마키가 완성된다. 간장이나 미림으로 맛을 낸 것을 아지즈케노리라고 한다. 노리는 여러 종류의 센베(쌀과자)에도 사용된다. 아오노리(파래)라고 하는 녹조류 중 하나는 건조시킨 후 잘게 잘라서 오코노미야키(고소한 부침개), 밥, 야키소바에 뿌려 먹는다.

와카메는 녹색 해조다. 미소시루나 오이 썬 것과 해조류를 식초에 버

お好み焼き(香ばしいパンケーキ)やご飯、焼きそばにかけて食べる。

わかめは緑色の海藻で、味噌汁や刻んだキュウリ、海藻類を酢で和えた酢の物などによく使われ、生でも乾燥でも売られている。乾燥わかめは使う前に水につける必要があるが、水につけるとかなり量が増える。生のわかめは使う前に水ですすぎ洗いする。

濃い緑色の昆布は、だしをとるのに使われたり(だし昆布)、魚に巻いてしょうゆの煮汁で調理されたり(昆布巻き)、広く用いられる。粉末にして昆布茶として飲用することもある。

ひじきは非常に栄養価の高い海藻の一種で、ミネラル豊富で、ゆでると黒くなる。大豆、刻んだにんじん、油揚げを油で炒め、しょうゆと砂糖で味付けしたひじき豆としてよく食卓に上る。

トリビア　特製の複数枚の刃がついたハサミを使えば、大きなのりのシートも簡単に刻むことが可能で、薄片状に刻んだのりはサラダなどのトッピングになる。

무린 스노모노에 자주 쓰이며 생와카메와 건와카메 둘 다 판다. 건와카메는 사용하기 전에 물에 담가둘 필요가 있지만 그렇게 하면 양이 불어난다. 생와카메는 사용하기 전에 물로 씻어 헹군다.

진한 녹색을 띄는 곤부는 국물 맛을 내는 데 쓰거나(다시곤부), 생선에 말아서 간장에 끓여 조리하는(고부마키) 등 폭넓게 사용된다. 가루로 만든 곤부차로 마실 수도 있다.

히지키는 굉장히 영양가가 높은 해조의 한 종류로 미네랄이 풍부하고 삶으면 검은색이 된다. 콩, 잘게 썬 당근, 유부를 기름에 볶아 간장과 설탕으로 맛을 낸 히지키마메는 식탁에 자주 올라온다.

> 칼날이 여러 개 달린 특수 가위를 사용하면 커다란 노리도 간단하게 잘게 썰 수 있다. 그렇게 썬 노리를 샐러드 위에 얹어 멋을 낸다.

일반상식

一味 / 七味 / 山椒

　一味（「一種類の味」）は赤唐辛子をすりつぶしたもので、粉唐辛子のようなもの。温かいそばや白菜の漬物にかける。

　七味（「七種類の味」）は唐辛子を含む7種類の香辛料を混ぜたもの。焼き鳥や麺類、鍋物などにかける。料理店では小さな木製の容器に入れてテーブルに置いてあり、ふりかけるか、小さなスプーンですくって使う。中身は地方や料理人の好みによってかなり異なり、唐辛子のほかに、青のり、しそ、からし、山椒、黒ごま、白ごま、ケシや麻の実、それから陳皮(柑橘類の皮)などを使う。七味も小さな瓶に入った既製品がある。

　山椒（さんしょう）は日本のコショウで、香りの強い山椒の木のさやでつくる。網焼きしたうなぎやどじょう料理にふりかけたり、鶏料理に用いて脂っこい味を抑える。山椒の葉や実は汁物の吸い口としても使われる。

わさび

　日本の野菜類は韓国や中国に由来するものが多いが、わさびは、日本原産の香辛料、また薬草として珍しい存在だ。同じようにつんとくるアブラナ科の白い西洋わさびとは違い、日本のわさびは緑色で、ローストビーフと一緒に食べることはない。が、さまざまな和食

이치미 / 시치미 / 산쇼 산초

이치미('한 종류의 맛')는 빨간 고추를 갈아서 만든 것으로 고춧가루 같은 것이다. 따뜻한 소바나 배추절임 위에 뿌린다.

시치미('일곱 종류의 맛')는 고추를 포함해서 일곱 가지 향신료를 섞은 것으로 닭꼬치, 면 종류, 찌개 등에 뿌린다. 음식점에서는 작은 목제 용기에 넣어 탁자 위에 올려두며, 뿌리거나 작은 숟가락으로 퍼서 넣는다. 내용물은 지역과 요리사의 취향에 따라 상당히 차이가 난다. 고추 이외에 파래, 차조기, 겨자, 산초, 검은깨, 흰깨, 양귀비나 마의 열매, 진피(감귤류 껍질) 등을 쓴다. 시치미도 작은 병에 넣어 판매하고 있다.

산쇼는 일본 후추로서 향이 강한 산초나무 깍지로 만든다. 석쇠에 구운 장어나 미꾸라지 요리에 뿌리기도 하고 닭 요리에 사용해 느끼한 맛을 잡는다. 산쇼의 잎이나 열매는 국물 음식의 향신료로도 활용한다.

와사비 고추냉이

일본 야채류는 한국이나 중국에서 건너온 것이 많지만 와사비는 일본이 원산지인 향신료 또는 약초로, 흔하지 않은 존재다. 코끝이 찡하게 매운 것은 마찬가지지만 십자꽃과의 흰색 서양 고추냉이와는 달리 일본 와사비는 녹색이고 로스트비프와 함께 먹지 않는다. 그렇지만 여러 일본 음식에서 중요한 재료 중 하나다. 예를 들면, 스시를 만들 때도 빼놓을

に大切な要素となっている。たとえば、すしづくりには欠かせないし、刺し身を食べるときはしょうゆに加える。そもそも蒸し暑い夏が長く続く日本は、生魚料理を育むには理想的な国ではない。それを可能にした要素の1つがわさびである。というのも、わさびには殺菌、抗菌、防腐効果があり、魚臭さを取り除いて、寄生虫を殺す力もあるからだ。単に、香りのために添えているわけではない！握りずしでわさびが強すぎたら、子供がよくやるように、すし職人にわさびを抜いてもらうよう、頼めばいい。わさびは盛りそばやざるそばなどの冷たい麺のつゆにも欠かせない。

わさびは、森林に覆われた山地の冷たく澄んだ清流で最もよく育つが、その根はかなり高価になる。高級料理店では、おろしたてのわさびを供することに誇りを持っている。水でとく粉タイプを買うこともできるが、実際は人工的に色づけした西洋からしだったりする！既製品の「わさび」はチューブ入りもあって、その値段は本物のわさびがどれだけ入っているかで異なる。

わさびは茎の根元からすりおろし始めるのが正しい。家庭で使うおろし金はプラスチックや金属、セラミック製があるが、一番よいのはすしレストランで使われるカスザメの皮である。

アドバイス
- 刺し身についてくるミニチュアの富士山の形をした緑の塊は一気に飲み込まないこと！
- すし職人には無礼のないように。嫌な客には、わさびをたっぷりはさむという噂も！

수 없고 생선회를 먹을 때는 간장에 풀어넣는다. 무더운 여름이 길게 계속되는 일본은 생선 요리가 발전하기에 이상적인 나라는 아니다. 그럼에도 그것이 가능했던 이유 중 하나가 와사비다. 와사비에는 살균·항균·방부 효과가 있고 생선 비린내를 제거하며 기생충을 없애는 힘까지 있기 때문이다. 단순히 향 때문에 곁들여 먹는 것이 아니다! 스시에 들어간 와사비가 너무 맵다면 아이들이 하는 것처럼 스시를 만드는 사람에게 와사비를 빼달라고 부탁하면 된다. 와사비는 모리소바나 자루소바 같은 차가운 면을 찍어 먹는 간장에도 꼭 넣는다.

와사비는 삼림이 우거진 산지의 차갑고 맑은 냇가에서 가장 잘 자라며 뿌리가 꽤 고다. 고급 음식점에서는 방금 갈아 내놓는 와사비에 자부심을 가지고 있다. 물에 풀어 쓰는 분말 종류를 살 수도 있지만 인공적으로 색을 낸 서양 고추냉이인 경우도 있다! 튜브 용기에 넣어 판매하는 '와사비'도 있다. 가격은 진짜 와사비가 얼마나 들어 있는가에 따라 달라진다.

와사비는 줄기 밑동에서부터 갈기 시작하는 것이 좋다. 가정에서 사용하는 야채 슬라이서는 플라스틱 제품, 금속 제품, 세라믹 제품 등이 있다. 가장 좋은 것은 스시 집에서 사용하는 전자리상어의 껍질이다.

- 생선회에 같이 곁들여 나오는 작은 후지 산 모양의 녹색 와사비를 한꺼번에 먹지 말 것!
- 스시 장인에게 실례를 범하지 않도록 하자. 마음에 들지 않는 손님에게는 와사비를 듬뿍 넣는다는 말도 있다!

도움말

豆腐

　高タンパクなのに低脂肪の豆腐(大豆の汁を凝固したもの)が、健康食品として多くの国々で好評なのは簡単にうなずける。だが、日本では別段なにも目新しいことではない。豆腐づくりは7世紀に中国から伝えられた。

　つくり方は、まず大豆を水につけ、ドロドロにすりつぶす。それから水でゆでると豆乳ができる。にがりと呼ばれる凝固剤を加えて固形状にする。これを四角く切り分け、さまざまな料理に用いるのだ。大きく分けて2種類の豆腐がある。堅めで、はしでも扱いやすい木綿豆腐。これは、木綿の布で絞られることからその名がついている。もう1つは絹ごし豆腐。こちらはやわらかく、口当たりも滑らかだ。

　豆の皮などの搾りかすであるおからもまた栄養価が非常に高く、刻んだにんじんやごぼうなどの野菜と一緒に調理されることが多い。

　湯豆腐は、四角に切った豆腐を土鍋に入れた昆布入りの水で温めて食べる料理で、ときに食卓の上で供される。京都の南禅寺辺りで名物となっているこの料理は、全国的に愛される冬の料理だ。すりおろしたしょうがや大根、ネギやかつおぶしなどと一緒にしょうゆベースのつゆにつけて食す。

　夏場の豆腐料理で人気があるのは冷や奴。冷たい豆腐にしょうゆ、おろしたしょうがや刻んだネギなどの薬味を添える。木の芽(食用の山椒の若葉)を飾りに添えることが多い。はしで食べるのはややむず

도후 두부

고단백질이면서 저지방 식품인 도후(콩을 응고시킨 것)가 건강식품으로 많은 나라에서 호평을 받는 것은 간단하게 수긍할 수 있다. 그렇지만 일본에서는 특별하지도 않고 색다른 일도 아니다. 도후 만들기는 7세기 무렵 중국에서 전래되었다.

제작 방법은, 먼저 콩을 물에 담가 흐물흐물하게 만들어 으깬다. 그다음에 삶으면 두유가 된다. 니가리(간수)라고 부르는 응고제를 넣어서 고체 형태로 만들며, 이것을 네모나게 나누어 잘라 여러 가지 요리에 사용한다. 크게 두 종류의 도후로 나눌 수 있다. 조금 단단한 느낌의 도후는 젓가락으로 잘 집을 수 있는 모멘도후다. 면직물로 짜기 때문에 그런 이름이 붙었다. 또 하나는 기누고시도후다. 이것은 매우 부드럽고 말랑거리는 느낌의 도후다.

콩 껍질 등을 짠 찌꺼기인 오카라도 영양가가 아주 높아 잘게 썬 당근이나 우엉 등의 야채와 함께 요리한다.

유도후는 네모나게 자른 도후를 뚝배기에 넣고 다시마로 국물 맛을 내서 따뜻하게 먹는 음식으로 종종 식탁 위에 오른다. 교토 난젠지 부근의 명물 요리로 전국에서 사랑받고 있는 겨울 음식이다. 생강 간 것, 무, 파, 가쓰오부시 등과 간장에 찍어서 먹는다.

여름 도후요리로 인기 있는 것은 히야야코다. 차가운 도후에 간장, 생강 간 것, 잘게 썬 파 등의 양념을 곁들인다. 보통 기노메(식용 산초의 어린잎)를 같이 낸다. 젓가락으로 먹기는 조금 힘들기 때문에 숟가락을

かしいので、必要ならスプーンで食べてもよい。

豆乳は、牛乳の代用としてますます人気が高まっている。

湯葉は京都の名物で、伝統的に精進料理(禅式のベジタリアン料理)の中心となっている。豆乳を煮てできる上ずみの膜をすくいとり、薄いシートにして乾燥させてつくる。さまざまな料理に用いられ、タンパク質含有量は50%を超える。

油揚げ / 厚揚げ

この2つの豆腐製品はともに油で揚げたものだが、用途は異なる。

油揚げは豆腐を薄く切って、2度油で揚げたもの。小さな袋状になっており、さまざまな風味豊かな食材を詰めることができる。いなりずしは子供にとても人気のあるすしの1つで、油揚げの袋にすし飯を詰めたもの。すしレストランではあまり目にしないが、持ち帰りのすし店や、スーパーで手に入る。

厚揚げは厚く切った豆腐を油でほんの軽く揚げるので、中までは火が通らない。しょうゆやしょうがと一緒にそのまま食べることが多い。おでんなど、さまざまな料理にも用いられる。

사용해도 괜찮다.

두유는 우유 대용으로 점점 인기가 높아지고 있다.

유바는 교토의 명물로서 전통적인 쇼진 요리(선식 야채요리)라고 할 수 있다. 두유를 끓이면 위에 막이 생긴다. 그것을 건져내 얇은 껍질로 만들어 건조시킨다. 다양한 요리에 사용하며 단백질 함유량은 50% 이상이다.

아부라아게 / 아쓰아게

이 두 가지 두부 제품은 둘 다 기름에 튀긴 것이지만 사용되는 용도는 다르다.

아부라아게는 두부를 얇게 썰어 두 번 기름에 튀긴 것이다. 작은 주머니 형태이고 그 속에 여러 가지 맛깔스러운 식재료를 넣을 수 있다. 이나리즈시(유부초밥)는 아이들에게 매우 인기가 있는 스시 가운데 하나로 아부라아게에 스시용 밥을 넣어 만든 것이다. 스시 레스토랑에서는 쉽게 볼 수 없지만 배달 전문 스시 집이나 슈퍼에서 살 수 있다.

아쓰아게는 두껍게 썬 두부를 기름에 살짝 튀긴 것으로 안쪽까지 튀겨지지는 않는다. 간장이나 생강과 함께 그대로 먹는다. 오뎅 등 여러 가지 음식에도 사용할 수 있다.

納豆

納豆は、腐り始める寸前まで放っておいた豆を
混ぜ合わせたものだ。
風味豊かで、ある地域では非常に好まれているそうだ。
元来、貧しい人々の食べ物である。

(アーサー・ロイド、1906)

　今日私たちになじみのネバネバした納豆は、なんと偶然から生まれた興味深い食べ物なのである！納豆は長い間日本の重要なタンパク源であり、西洋でベークドビーンズを食べるように、子供に人気の食べ物だ。けれども、数多くの日本人や外国人の食欲を損ねる要素もいくつかある。強いにおいと味、茶色というその色、そして一風変わったネバネバ感だ。だが、納豆には体によい要素がたくさんある(次ページ参照)。

　大豆は、水につけ、蒸したあと、納豆菌を注入し、稲のわらに包んで少しの間発酵させる。わらに包むとビタミンB_2が増え、タンパク質を分解し、消化しやすいものとなる。納豆は温かいご飯と一緒に食べることが多いが、和え物や味噌汁、オムレツなどの優れた具にもなる。食べる前に、からしとしょうゆ少々、刻んだネギを入れた納豆をはしで力を入れてかき混ぜることをおすすめする(100回ほど)。かき混ぜることで、ねばりや強いにおいが抑えられ、食べやすくな

낫토

낫토는 썩기 직전까지 놓아둔 콩을
한데 섞은 것이다.
향기가 구수하고 일부 지역에서는 대단히 사랑받고 있다고 한다.
원래는 가난한 사람들이 먹던 음식이다.
(아더 로이드, 1906)

지금 우리에게 친숙한 끈적끈적한 **낫토**(발효시킨 콩)는 놀랍게도 우연히 탄생한 흥미로운 음식이다! 서양에서 구운 콩을 먹어왔던 것처럼 낫토는 오랫동안 일본의 중요한 단백질원이었으며 아이들에게 인기 있는 음식이다. 그럼에도 여러 일본인이나 외국인의 식욕을 해치는 요소도 몇 가지 있다. 코를 찌르는 냄새와 맛, 끔찍한 갈색, 끈적끈적한 느낌이 그것이다. 그러나 낫토에는 몸에 좋은 요소가 굉장히 많다('자주하는 질문' 참조).

콩은 물에 담가두었다가 찐 다음 낫토 균을 주입해 볏짚으로 싸놓고 얼마 동안 발효시킨다. 짚에 싸두면 비타민 B_2가 증가해 단백질을 분해하고 소화에 좋은 식품이 된다. 낫토는 따뜻한 밥과 함께 먹지만 야채무침과 미소시루, 오믈렛 등과도 잘 어울린다. 먹기 전에 겨자와 간장 조금, 잘게 썬 파를 낫토와 같이 넣고 젓가락으로 골고루 섞기를 권한다 (100번 정도). 잘 휘저어 섞으면 끈적거림이나 강한 냄새가 조금 줄어들고 먹기 쉬워진다. 김이나 메추리알을 함께 섞어 먹기도 한다.

る。のりやウズラの生卵を一緒に混ぜることもよくある。

　ちなみに8世紀に中国から伝わった本来の納豆には、においもねばりもなかった。似たものが、現在、京都にある禅寺に残っている。ここでは、蒸した大豆に麦芽と塩を混ぜ、納豆菌は入れずに発酵させ、にがり汁につけて1年乾燥させてから食べる。においもねばりもない。少し苦味があるだけだ！

よくある質問

納豆は健康食品？

まったくそのとおり。納豆に含まれるナットウキナーゼ酵素(ビタミンK_2)には、血流をよくし、血液の凝固や骨粗しょう症を防ぐ効果がある。ビタミンB_2が豊富で血行や肌にもよく、脳細胞を刺激するレシチンも含まれる。体によい効果が眠っている間に広がるので、朝食よりも夕食に食べるのがベストだという人もいる。だが、ご飯が熱すぎたり、納豆に火を通しすぎたりすると、こうした効果は減るだろう。

で、ネバネバ納豆を生み出したのは誰？

ネバネバ納豆の誕生にはおもしろい言い伝えがある。日本北部へ戦に出ていたある日、有名な戦国大名、源義家の家来たちは大豆をゆでることにした。そこへ突然の移動命令が入った。食べ物を捨てるのは忍びないと、男たちは大豆をさっとわらに包んだ。それからしばらくしてわらの包みを開けてみると、中身がねばり気のあるにおいの強い納豆になっていた。義家が試しに食べて言った。「なんと美味なる豆かな！」と。義家が発したこの「なんと」が「納豆」になった。

この話から、なぜ納豆が日本の北部に普及したかということもわかるだろう。江戸時代、納豆は江戸にも広まったが、大阪周辺の関西地方ではあまり食されなかった。納豆の健康効果が盛んにアピールされ始めたのもつい数年前のことで、とりわけメーカーがねばりけを抑え栄養価をさらに高めようと奮闘する今日、関西での消費量が伸び続けている。

덧붙이자면 8세기경 중국에서 전해진 낫토에는 냄새도 끈적거림도 없었다. 현재 교토에 있는 선사에 비슷한 것이 남아 있다. 이곳에서는 삶은 콩에 엿기름과 소금을 섞은 다음 낫토 균을 넣지 않고 발효시킨 후 간수에 담가 1년간 건조시켜 먹는다. 냄새도 끈적거림도 없다. 맛이 조금 쓸 뿐이다.

낫토는 건강식품?

정답이다. 낫토에 포함된 나토키나제 효소(비타민 K_2)에는 혈액순환을 좋게 하고 혈액응고나 골다공증을 예방하는 효과가 있다. 비타민 B_2가 풍부하고 혈액순환과 피부에 좋으며 뇌세포를 자극하는 레시틴도 포함하고 있다. 몸에 좋은 효과가 수면 중에 퍼지기 때문에 아침보다는 저녁 식사 때 먹는 것이 좋다고 하는 사람도 있다. 그러나 밥이 너무 뜨겁거나 낫토를 지나치게 푹 익히면 효과가 줄어들 것이다.

그런데 끈적끈적한 낫토를 만든 사람은 누구지?

끈적끈적한 낫토의 탄생에는 전해 내려오는 이야기가 있다. 일본 북부의 전쟁터에서 어느 날, 미나모토 요시이에(전국시대의 유명한 장군)의 하인들이 콩을 삶으려는 참이었다. 그때 갑자기 이동 명령이 떨어졌다. 차마 먹을 것을 버릴 수 없었던 그들은 콩을 재빨리 짚으로 쌌다. 그리고 조금 지나 짚을 풀어보니 콩은 끈적끈적해지고 강한 냄새를 풍기는 발효 콩이 되어 있었다. 요시이에는 이 콩을 먹은 후 "난토 비미나루 마메카나!(얼마나 맛있는 콩인가!)"라고 말했다. 요시이에의 감탄("난토")이 '낫토'라는 이름이 된 것이다.

이 이야기에 따르면 왜 낫토가 일본 북부지역에 보급되었는지도 알 수 있을 것이다. 에도시대에 낫토는 에도에는 널리 퍼졌지만 오사카 주변의 관서지역에는 그렇지 않았다. 낫토가 건강에 좋다는 인식이 생긴 것은 불과 몇 년 전의 일이다. 낫토를 만드는 회사가 낫토의 끈적거림을 줄이고 영양가를 높이기 위해 분투하고 있는 지금, 관서지역에서도 소비량이 늘고 있다.

자주 하는 질문

うどん / そば / そうめん

安くて、うまくて、腹持ちがいい！たいていの日本人が定期的に麺類を食べたくなる衝動に駆られる。日本の麺類には主に3種類ある。

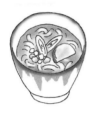

一番太いのがうどんだ。白い小麦粉でつくる麺で、スパゲッティのように断面は丸い。一般に温かくして供されるが、刻んだネギや赤唐辛子を添えて、さまざまな材料とともにつゆにつけて食べたり、汁物にして食べることができる。うどんには、乾燥麺、半生の両方がある。

そばは細めの茶灰色の麺で、断面は四角く、そば粉からつくる。うどんに比べると、冷たくして食べることが多く、竹製の台に盛られた盛りそばや、のりをちらしたざるそばなどがある。

3つ目は夏の定番、そうめんで、小麦粉からつくる、直径1ミリほどの細く白い、パスタでいうバーミセリのような麺だ。たいてい、冷

アドバイス

- ズルズルと音を立てて麺を食べるのは正しい作法である。それには2つの理由がある。冷麺なら、さっと切れのある音が爽快で粋（いき）。温かい麺なら、できるだけ早く食べるのがよいから、ズルズルと音を立てるのは、のどを通る間に麺を冷ます上で大切というわけだ。
- お腹が空いて時間がないときは、駅には必ずうどんやそば屋がある。立ったまま食べられるカウンターが備えてあって急いで食べられる（立ち食い）。
- おいしく、かつ安く温まりたい。そんな寒い冬にはカレーうどんがおすすめ。カレー味のスープで食べるこのうどんは、多くの外国人のお気に入りだ。

우동 / 소바 / 소멘

싸고 맛있고 든든하다! 대부분의 일본인은 정기적으로 면 종류의 음식을 먹고 싶은 충동에 사로잡힌다. 일본의 면 종류 음식에는 주로 세 가지가 있다.

가장 굵은 면이 우동이다. 흰 밀가루로 만들고 스파게티처럼 둥근 면이다. 일반적으로 따뜻하게 먹지만 잘게 썬 파나 빨간 고추를 곁들여 여러 가지 재료와 함께 간장에 찍어 먹거나 국물로 먹을 수도 있다. 우동에는 건조면, 반건조면 두 종류가 있다.

소바는 가느다란 회갈색 면으로 단면은 사각형이고 메밀가루로 만든다. 우동과 비교하면 차갑게 먹는 경우가 많다. 대나무로 만든 판 위에 담는 모리소바나 김을 뿌린 자루소바 등이 있다.

세 번째는 여름에 먹는 소멘인데 밀가루로 만든다. 직경 1밀리미터 정도의 가느다란 면으로 파스타 종류인 버미첼리 같은 면이다. 대개 차가운 국물에 담고 간장과 생선으로 국물 맛을 내며 양념을 더한 간장에

도움말

- 후루룩후루룩 소리를 내면서 면을 먹는 것은 올바른 방법이다. 여기에는 두 가지 이유가 있다. 차가운 면이라면 그 소리가 경쾌하고 시원하게 들려서 멋있고, 따뜻한 면이라면 가능한 한 빨리 먹는 게 좋으므로 후루룩거리는 소리를 내며 목으로 넘기는 동안 면을 식히는 것이 중요한 셈이다.
- 배는 고픈데 시간이 없을 때, 역에는 반드시 우동 집이나 소바 집이 있다. 선 채로 먹을 수 있는 카운터가 있어서 빨리 먹을 수 있다(서서 먹는 것).
- 싸고 맛있다. 몸을 녹이고 싶다. 이런 추운 겨울에는 카레우동을 권한다. 카레 맛 국물 우동은 많은 외국인이 좋아하는 메뉴다.

たい水に入れて供され、しょうゆと魚からとっただしに薬味を加えたつゆにつけて食べる。そうめんは乾燥麺のみである。半分に割った長い竹に水を流し、そこに流れてくるそうめんをはしでつかまえて食べるという楽しい食べ方もある!

うどんでもそばでも、おもしろい名前がついたメニューがある。油揚げとネギを入れたものはきつね、天かす(揚げ玉)の入ったものはたぬき、そしてスープに生卵とのりが入ったものは月見という。

こんにゃく

見てくれが悪く、得体の知れない半透明の外見にもかかわらず、こんにゃくはカロリーがないことから、健康志向の強い人々のもう1つのお気に入りとなっている。味もほとんどないが、他の食材の風味を吸収する。こんにゃくが、よく「体の砂おろし」(体の毒掃除)と称されるのは、豊富な食物繊維が、解毒効果を高め便秘解消に作用するからだ。

植物のこんにゃくのでんぷん質の根を切ってゼラチン状のペーストになるまでゆでる。凝固剤を加えて、細長いひも状のこんにゃく(しらたき)にしたり、四角い塊や小さな玉状にするが、すべてかみごたえがある。こんにゃくはたいてい濃い灰色だが、緑や茶色といった種類もある。こんにゃくの厚切りはおでんや豚汁(冬にぴったりの

찍어서 먹는다. 소멘은 건조면이다. 반으로 절단한 대나무에 물과 함께 소멘을 흘려 보내면서 젓가락으로 집어 먹는 재미있는 방법도 있다.

우동에도 소바에도 재미있는 이름이 붙은 메뉴가 있다. 아부라아게와 파를 넣은 것은 기쓰네(여우), 덴카스아게다마(튀김 찌꺼기)를 넣은 것은 다누키(너구리), 국물에 날달걀과 김을 넣은 것은 쓰키미(달 구경)라고 한다.

곤냐쿠 우무

겉모양이 이상하고 정체를 알 수 없는 반투명 음식물임에도 불구하고 곤냐쿠는 칼로리가 제로라는 이유 때문에 건강에 대해 진지하게 생각하는 사람들의 기호품이 되어 있다. 맛이 거의 나지 않지만 다른 식자재의 맛을 흡수한다. 곤냐쿠는 '가라다노 스나오로시(몸속 독 제거제)'라고 불린다. 풍부한 식물 섬유가 해독 효과를 높여 변비 해소에 좋기 때문이다.

구약나물의 뿌리(전분 성질을 가졌다)를 잘라서 젤라틴 상태가 될 때까지 삶는다. 응고제를 넣어서 길고 가느다란 끈 모양의 곤냐쿠(시라타키)를 만든다. 사각형, 구슬형으로도 만들며 전부 모양이 그럴듯하다. 곤냐쿠는 대개 짙은 회색이지만 녹색이나 갈색 종류도 있다. 두껍게 자른 곤냐쿠는 오뎅이나 돈지루(겨울에 잘 어울리는 국) 등 다양한 요리에 사용한다. 시라타키(관서지역에서는 이토곤냐쿠라고 알려져 있다)

> **アドバイス**
> こんにゃくは調理する前に塩でもみ、軽く煮るとよい。

スープ)などさまざまな料理に用いられる。しらたき(関西では糸こんにゃくとして知られる)は、すき焼きやさまざまな鍋物(鍋料理)の材料だ。

梅干し

　梅干しは人気のある健康的な食べ物だ(下の囲み参照)。梅を干して塩漬けにした梅干しは、大きさや、堅さの度合い、酸っぱさはさまざまで、中には涙が出るほど酸っぱいものもある!

　梅干しは西洋のりんごと同じで、「1日1個の梅干しで、医者いらず」といわれる。梅干しは茶色、あるいはしその葉で漬けた場合は赤色である。一般的な使い方に、おにぎりに入れたり、かゆと一緒に食べたり、日本の国旗に似せて弁当箱に白いご飯を詰め、真ん中に梅干しを置いた日の丸弁当がある。熱い焼酎や番茶に入れたりもする。

> **よくある質問**
> **梅干しは本当に体にいいのか?**
> よい。食欲を増進し、疲労回復を助けるクエン酸を含み、殺菌作用や解毒作用がある。だが、少量の摂取は体によいけれど、一度に食べすぎるのには注意が必要だ。特に小さくて堅い、赤い梅干しは塩分が非常に高く、腎臓を傷めることになる。

> 곤냐쿠는 조리하기 전에 소금으로 주무른 다음 가볍게 익히면 좋다. **도움말**

는 스키야키나 다양한 나베모노(찌개 요리)의 재료다.

우메보시

우메보시는 건강식품으로 인기가 많다('자주 하는 질문' 참조). 매실을 말려서 소금에 절인 우메보시는 크기나 단단함·신맛의 정도가 다양하다. 그중에는 눈물이 날 정도로 신맛을 내는 것도 있다!

우메보시는 서양 사과와 마찬가지로 '하루 1개 우메보시를 먹으면 병원에 갈 일이 없다'고 한다. 우메보시는 갈색이나 차조기잎에 절인 경우 붉은색을 띤다. 일반적으로 삼각김밥 속에 넣거나 죽과 함께 먹고, 일본 국기를 본따 도시락에 흰밥을 넣은 후 가운데에 우메보시를 박아 넣은 히노마루벤또가 있다. 뜨거운 소주나 엽차에 넣어 마시기도 한다.

> **우메보시는 정말 몸에 좋은가?**
> 그렇다. 식욕을 돋우고 피로 회복을 돕는 구연산이 들어 있으며 항균·해독 작용을 한다. 소량 섭취는 몸에 좋지만 한꺼번에 많이 먹으면 안 된다. 특히 작고 단단하고 빨간 우메보시는 염분 함량이 높아서 신장에 좋지 않다.
> **자주 하는 질문**

漬物

　野菜を保存するという古代からの必要性にのっとり、日本は多種多様なピクルスを生み出してきた。一般的に漬物と呼ばれる。西洋のピクルスと違うのは、昔ながらの日本料理には欠かせない要素で、真っ白いご飯、汁物と一緒に供されるという点だ。居酒屋にはたいてい漬物の盛り合わせメニューがある。

　伝統的な漬物づくりの1つに、重い石を載せて重石にした、大きな樽(漬物樽)を用いるというのがある。たとえば、白菜漬けの場合、白菜、塩、唐辛子(レッドペッパー)を幾重にもした上に石を置いて押さえる。

　基本的な漬物づくり7種とその代表例を紹介しよう。

1. 塩漬け(塩で漬ける): 梅干し(日本のアプリコット)、白菜など。
2. 味噌漬け(味噌と酒で漬ける): ニンニク、ごぼう、魚、主に豚肉や牛肉といった肉類など。
3. 酢漬け(酢で漬ける): らっきょう。
4. かす漬け(酒かす、焼酎、砂糖で漬ける): 奈良漬け(白ウリ、ナス、ごぼうなど、材料はさまざま)。奈良漬けは奈良の町で生まれた有名な漬物で、でき上がるまでに長い期間を要するが、長期間保存がきく。
5. 麹漬け(麹菌で漬ける): べったら漬け(大根)など。

쓰케모노

　야채를 보존해야 한다는, 옛날부터 이어져 온 필요성에 따라 일본은 다양한 종류의 절임 음식을 만들어냈다. 일반적으로 쓰케모노라고 부른다. 서양의 피클과 다른 점은, 예로부터 일본 음식에서 빠지지 않는 반찬으로서 흰쌀밥, 국과 함께 낸다는 점이다. 선술집에는 대개 모듬 쓰케모노 메뉴가 있다.

　전통적인 쓰케모노 만들기 방법 중 하나로 무거운 것을 올려서 눌러 놓는, 즉 커다란 통(쓰케모노다루)을 사용하는 방법이 있다. 예를 들면 배추절임의 경우 배추, 소금, 고추를 몇 겹씩 쌓고 그 위에 돌을 놓아 눌러두는 것이다.

　기본적인 쓰케모노 제작법 일곱 가지와 그 대표적인 예를 소개한다.

1. 시오즈케(소금으로 절인다): 우메보시, 배추 등.
2. 미소즈케(미소와 술로 절인다): 마늘, 우엉, 생선, 주로 돼지고기나 쇠고기 등의 육류.
3. 스즈케(식초로 절인다): 락교(염교).
4. 가스즈케(술찌끼, 소주, 설탕에 절인다): 나라즈케(흰 참외, 가지, 우엉 등 다양한 재료). 나라즈케는 나라지역에서 만들어진 유명한 쓰케모노로서 완성될 때까지는 시간이 오래 걸리지만 그만큼 또 오래 보존할 수 있다.
5. 고지즈케(누룩균으로 절인다): 벳타라즈케(무) 등.

6. しょうゆ漬け(しょうゆ、みりんで漬ける): 福神漬け(大根とキュウリ)など。福神漬けはカレーライス(日本式のカレー)に添えられる。

7. 糠漬け(米糠で漬ける): 特に冬場のたくあん(大根)、夏場はナスやキュウリなど。糠漬けは、糠床と呼ばれる発酵させた米糠と食塩水で作る漬物用の媒質を用いて漬ける。糠床は何年も使われ、各家庭に独自の漬物の味を生む。数カ月もの間、糠床は少なくとも1日に1回はかき混ぜる必要がある。

トリビア
- 野菜に含まれるビタミンB_1は糠漬けにすることで約10倍に増える。つまり漬物は非常に栄養価の高いおかずになるのだ。
- 糠漬けをつくるには日々の努力が欠かせないことから、かつてはおいしい漬物をつくる力量がよい妻の印とされていた。

6. 쇼유즈케(간장, 미림으로 절인다): 후쿠진즈케(무와 오이) 등. 후쿠진즈케는 카레라이스(일본식 카레)와 함께 곁들여 낸다.

7. 누카즈케(쌀겨로 절인다): 특히 겨울에는 단무지(무), 여름은 가지나 오이 등. 누카즈케는 누카도코라고 부르는 발효시킨 누카즈케와 식염수로 만든 쓰케모노용 매질을 사용해 절인다. 누카도코는 몇 년이고 사용할 수 있고 각 가정 특유의 쓰케모노 맛을 낸다. 몇 개월 동안 누카도코는 적어도 하루에 한 번은 휘저어줄 필요가 있다.

- 야채에 들어 있는 비타민 B_1은 누카즈케로 만들면 약 10배 증가한다. 즉, 쓰케모노는 대단히 영양가가 높은 반찬인 것이다.
- 누카즈케를 만들 때는 매일매일 노력이 필요하다. 예로부터 맛있는 누카즈케를 만들 수 있는 여자가 좋은 아내라고 여겨져 왔다.

일반상식

かまぼこ/ちくわ/はんぺん

3種類の魚を使った練り物は多くの日本料理に用いられる。

かまぼこは、特にサメやタラといった魚とでんぷんでつくる。ピンクや緑、あるいは赤に色づけされることが多いのだが、長方形の杉の板の上に半球形にして蒸して仕上げる(板かまぼこ)。スライスし、汁物や他の料理に入れたり、そのまましょうゆをたらして食べたりする。みりん(調理用ワイン)につけて、焼いたりもする。

ちくわは、魚、でんぷん、卵白、調味料でつくる。かつては竹の茎の周りに巻いてつくられたが、近ごろではステンレス製の棒を用いるほうが主流だ。その棒を蒸して焼くと、真ん中に穴の開いた長くて太いソーセージのような円柱型のちくわができ上がる。おでんの代表的な具の1つである。

はんぺんはマシュマロのようなやわらかい練り物で、白身魚のすり身と山いもを型に入れて火を通したもの。すまし汁やおでんによく使われる。

가마보코 / 지쿠와 / 한펜

세 종류 생선을 반죽해서 만든 식재료는 많은 일본 요리에 사용된다.

가마보코는 특히 상어와 명태를 전분과 섞어 만든다. 분홍색이나 녹색 또는 붉은색을 들이며 직사각형의 삼나무판 위에 반구형으로 해서 쪄내면 완성이다(이타카마보코). 썰어서 국물 음식이나 다른 요리에 넣거나 그대로 간장을 뿌려 먹기도 한다. 미림(조리용 와인)에 담갔다가 부치기도 한다.

지쿠와는 생선, 전분, 달걀흰자, 조미료로 만든다. 옛날에는 대나무 줄기에 말아서 만들었지만 요즘에는 스테인리스 봉을 이용해 만드는 것이 보통이다. 그 봉을 쪄서 구우면 가운데 구멍이 뚫린 길고 두꺼운 소시지 같은 원주형 지쿠와가 완성된다. 오뎅을 만들 때 대표적인 재료 가운데 하나다.

한펜은 마시멜로처럼 부드러운 음식으로 으깬 흰살생선과 참마를 틀에 넣어 익힌 것이다. 맑은 국이나 오뎅에 주로 사용된다.

7

飲み物、スイーツ

酒(日本酒)
焼酎 / 泡盛
日本茶
もち
小豆
きな粉
ところてん / みつまめ / あんみつ
水あめ
せんべい / かりんとう

7

음료, 단것

사케
쇼추^{소주} / 아와모리
차
모치^떡
아즈키^팥
기나코^{콩고물}
도코로텐 / 미쓰마메 / 앙미쓰
미즈아메^{조청}
센베 / 가린토

酒(日本酒)

　日本酒は文字どおり、あらゆるタイプの「日本の酒」を表すが、かつては一般的に酒を指した。今では西洋でもなじみのある飲み物だ。1500年以上も前から日本でつくられている。酒づくりには酵母菌の発酵過程をともなうが、厳密には醸造過程のようなものである。良質な水と短粒の米を使用する。アルコール分はおよそ12~15%あり、ワインのように、膨大な種類や味、品質があるが、日本料理に最適なアルコールだというのが多くの人の意見である。冷やして、室温で、あるいは熱燗(あつかん)で供されるが、熱燗は、酔いを早める傾向がある。ワインと同じく、料理にも広く用いられ、ビール産出国の地ビールのように地元特有の地酒が数多くある。また、結婚式のような、さまざまな神道の儀式にも用いられる。

トリビア
- 酒は「生きた」飲み物なので、長期保存はきかない。製造から1年以内に飲むのがふつうなので、ヴィンテージ市場は存在しない。
- 標準サイズの酒瓶(一升瓶)は1.8リットル。

사케

 니혼슈(日本酒)는 글자 그대로 여러 종류의 '일본 술'을 의미하지만 옛날에는 일반적으로 술(사케)을 가리켰다. 지금은 서양에도 잘 알려진 술이다. 1500년 이상 전부터 일본에서 만들어져 왔다. 사케를 만들 때는 효모균을 발효시키는 과정이 있다. 엄밀히 말하자면 양조 과정인 셈이다. 품질이 좋은 물과 쌀알 길이가 짧은 쌀을 사용한다. 알코올 양은 약 12~15%이고 와인처럼 방대한 종류와 맛, 품질이 있으며 일본 음식에 가장 어울리는 알코올이라는 것이 많은 사람의 의견이다. 차갑게 마시거나 실온으로 마시거나 또는 따뜻하게 마실 수 있고, 따뜻하게 마시면 빨리 취한다. 와인과 마찬가지로 요리를 만들 때 사용하기도 한다. 맥주 원산국의 지역별 맥주처럼 그 지역 특유의 사케가 여러 종류 있다. 또 결혼식 같은 여러 가지 신도 의식에서도 사용된다.

- 사케는 '살아 있는' 음료이므로 오래 보존할 수 없다. 제조일로부터 1년 이내에 마시는 것이 보통으로, 빈티지 시장(가치 있는 옛 물건을 파는 곳)에서는 구입할 수 없다.
- 표준 크기의 사케 병(한됫병)은 1.8리터다.

일반상식

焼酎 / 泡盛

　焼酎は、米(米焼酎)、麦(麦焼酎)、サツマイモ(いも焼酎)、ジャガイモ(じゃがいも焼酎)などでつくる蒸留酒。酒と同じく、発酵時には麹(米を発酵させたもの)が使われる。アルコール分は30%から60%、またはそれ以上だ。いも焼酎はどちらのタイプも香りが高いとされる。近年、焼酎はますます人気が高まっている。特に、背の高いグラスに氷とソーダを入れて飲む酎ハイ(「ハイボール」にちなむ)や絞りたてのグレープフルーツ、レモンやウーロン茶、味のついたシロップなどさまざまな組み合わせがある。冬には、お湯で割って(お湯割り)、梅干しを入れて飲むのが好まれる。昔、焼酎は消毒剤として使われていた。今は、果物や野菜や氷砂糖でつくるさまざまな薬用酒のベースに用いられる。人気の梅酒(日本のアプリコット酒)もその一例だ。

　泡盛は500年以上も前から沖縄でつくられてきた酒だが、全国的な人気を得たのはつい最近のことだ。原料に長粒の「タイ米」と、沖縄原産の黒麹菌を用いるのが特徴。蒸留工程の細かい点で焼酎とは異なる。平均アルコール分は約50%だが、若い客層向けに軽めのタイプも市場に出回っている。伝統的な沖縄料理のレストランでよく目

トリビア	・ウイスキーのように、焼酎と泡盛は年月とともに風味を増す。 ・同類のウオツカと同じで、焼酎は酒よりも二日酔いが軽いとは多くの人の言葉である。

쇼추 소주 / 아와모리

쇼추는 쌀(고메조추), 보리(무기조추), 고구마(이모조추), 감자(자가이모조추) 등으로 만든 증류주다. 사케와 마찬가지로 발효시킬 때는 누룩(쌀을 발효시킨 것)을 사용한다. 알코올 양은 30~60%다. 또는 그 이상일 때도 있다. 이모조추는 어떤 종류라도 향기가 강하다. 최근 들어 쇼추는 점점 인기가 높아지고 있다. 특히 긴 컵에 얼음과 소다를 넣어 마시는 주하이['하이볼(위스키에 소다수를 넣고 얼음을 띄운 음료)'에서 나온 말]나 막 짠 포도즙, 레몬이나 우롱차 맛이 나는 시럽 등 여러 가지 재료와 섞어 마실 수 있다. 겨울에는 뜨거운 물을 섞어(오유와리) 매실을 넣어 마시는 것이 인기가 있다. 옛날에 쇼추는 해독제로 사용되었다. 지금은 과일이나 야채, 얼음 설탕으로 만드는 다양한 약용 술의 기본 재료로 쓰인다. 인기 있는 우메슈(일본 살구주)도 그중 하나다.

아와모리는 500년 이상 전부터 오키나와에서 만들어진 술로서 전국적인 인기를 얻게 된 것은 최근 일이다. 원료에는 쌀알 길이가 긴 '대만 쌀'과 오키나와 산 검은 누룩균을 사용하는 것이 특징이다. 증류 공정의 세세한 부분이 쇼추와는 다르다. 평균 알코올 양이 약 50%지만 젊은 층을 겨냥해 조금 낮은 종류도 시중에서 팔리고 있다. 전통적인 오키나와 음식 레스토랑에서 자주 볼 수 있는 도기제품 단지에 담아 숙성시킨

> **일반상식**
> - 위스키처럼 쇼추와 아와모리는 시간이 흐름에 따라 풍미가 생긴다.
> - 같은 종류인 보드카와 마찬가지로 쇼추는 사케보다 숙취가 적다고 많이들 이야기한다.

にすることがある伝統的な陶製のかめに入れて寝かす。クース(ヴィンテージ泡盛)は評価が高い。

日本茶

　グリーン・ティー、日本茶(ジャパニーズ・ティー)あるいはお茶を飲むことは、その健康効果によって1990年代から急激に世界に広まった。同じ茶の木からできる紅茶やウーロン茶とは区別される。お茶は発酵させず、蒸して乾燥させるだけだ。できあがったお茶の特徴は、摘みとり時期や製造方法、また、どのように飲むかによって違ってくる。

　最もよく飲まれるお茶が煎茶だ。澄んだ緑色で、客に供する一般的な種類。春から初夏にかけて摘んだ若い葉を、約80~90℃のお湯で入れる。

　玉露は高価で高級なお茶。淡い黄味がかった色で、香りが高く、古いお茶の木のやわらかいつぼみからつくられる。60℃くらいのお湯で、磁器の湯飲みで飲むのが一番だ。

　抹茶は粉末のお茶で、茶会に用いられる。直射日光を避けた葉でつくられる。

　次の3種類のお茶は沸騰したお湯で入れる。番茶(夏に摘まれる大きな葉でつくられる)、ほうじ茶(番茶を焙煎したもの。いぶしたよう

다. 구슈(묵은 아와모리)는 높은 평가를 받고 있다.

차

녹차, 니혼차(일본 차), 혹은 차(엽차)를 마시는 것이 건강에 좋다는 이유로 1990년대부터 급격히 세계로 퍼져 나갔다. 같은 차나무로 만든 홍차나 우롱차와는 다르다. 차는 발효시키지 않고 쪄서 건조시키기만 한다. 완성된 차의 특징은 딴 시기와 제조 방법, 또는 어떻게 마시느냐에 따라 달라진다.

가장 많이 마시는 차는 센차(달인 엽차)다. 맑은 녹색이고 손님에게 대접하는 일반적인 종류의 차다. 봄에서 초여름에 걸쳐 딴 어린잎을 약 80~90도 물에서 우린다.

교쿠로는 높은 평가를 받고 있는 고급 차다. 옅은 노란색이며 향기롭고 오래된 차나무의 부드러운 봉오리로 만든다. 60도 정도의 물에 자기로 만든 유노미(작은 찻잔)로 마시는 것이 제일 좋다.

마차(말차)는 가루차로 다도 모임에서 마신다. 직사광선을 받지 않은 잎으로 만든다.

다음 세 종류의 차는 끓는 물에 우린다. 반차(여름에 딴 커다란 잎으로 만든다), 호우지차(반차를 볶은 것. 그을린 듯한 향이 강한 갈색 잎으로, 카페인 성분이 낮은 차), 땅콩 풍미가 나서 인기 있는 현미차(외국에서는 '팝콘티'라고 부르기도 한다)는 볶은 현미를 섞어 만드는 반차다.

トリビア	・数年前まで、外国人が「お茶はお茶」だと言って緑茶にミルクと砂糖を入れる姿に、多くの日本人はおったまげた。けれど、味覚は変わるもの。21世紀の今、あらゆる種類のグリーン・ティー、特に抹茶味の飲み物やスイーツがある。「抹茶アイスクリーム」や「抹茶ラテ」などがそうした例である。 ・16世紀まで、お茶は、磚茶(たんちゃ)や粉末からのみつくられ、飲んでいたのは主に僧侶や貴族だった。それから煎茶の葉が中国から伝わると、お茶はやがて人々の飲み物の1つになっていった。 ・すしレストランで出される濃いお茶は、粉茶(粉のお茶)の一種で、茶葉を摘み取った後、不要とされた芽と煎茶の製造後に残ったお茶の粉でつくる。

な香りが強い茶色の葉で、カフェイン成分が低いお茶)、ナッツ風味が人気の玄米茶(外国では「ポップコーン・ティー」と呼ばれることもある)は、炒った玄米を混ぜてつくる番茶である。

このほかによく飲まれる「お茶」には、昆布茶(昆布)や、夏場に広く冷やして飲まれる麦茶(焙煎した大麦)などがあり、これらは茶の木からはつくらない。

もち

もちは、長い間、宗教上の儀式やさまざまな年中行事、特に新年などに役割を果たしてきた。蒸した粘着質のあるもち米をついて、一種の厚めのパン生地のようにつくられる。伝統的にもちつきは、木製の大きなうすと重い木槌を使って手で行う。生地をこね、平ら

> **일반상식**
> - 수년 전만 해도 외국인이 '차는 차'라며 녹차에 우유와 설탕을 넣는 모습을 보고 많은 일본인이 혼비백산했다. 그렇지만 미각은 변하는 법이다. 21세기가 된 지금 다양한 종류의 녹차, 특히 마차 맛 음료나 단것이 있다. '마차 아이스크림'이나 '마차 라떼' 등이 그 예다.
> - 16세기까지 차는 단차(녹차·홍차 등의 부스러기 가루를 얇은 판대기처럼 눌러 굳힌 것)나 분말로만 만들었고, 주로 승려나 귀족이 마셨다. 그 후로 센차 잎이 중국에서 전해져 차는 얼마 지나지 않아 모든 사람이 마시는 음료 가운데 하나가 되었다.
> - 스시 집에서 나오는 진한 차는 고나차(가루차)의 한 종류로 찻잎을 딴 후에 불필요한 싹과 센차를 만들고 남은 차의 가루로 만드는 것이다.

이 외에도 자주 마시는 '차'에는 고부차(다시마)나 여름에 차게 해서 마시는 무기차(볶은 보리) 등이 있다. 이것들은 차나무로 만들지 않는다.

모치^떡

모치는 오랫동안 종교에서의 의식이나 여러 연중행사, 특히 신년 등에 활약해왔다. 점성이 있는 찹쌀을 쪄서 일종의 두꺼운 빵 반죽처럼 만드는 것이다. 전통적인 떡 찧기는 커다란 목제 절구와 무거운 나무망치를 사용해 손으로 한다. 반죽을 해서 평평한 직사각형으로 잘라 기리모치로 만들거나 공처럼 둥글게 만들기도 한다. 모치는 대단히 쫀득거려서 잘 씹어 먹어야 한다. 익혀서 부드럽게 만들어 먹거나 구워서 간장과 김을 발라 먹기도 하고 국물 음식에 넣기도 하고 콩가루를 뿌리기도 하며 다이콘오로시(무를 간 것)에 찍어 먹기도 한다. 건조시킨 모치는 오래 보존할 수 있고 구우면 다시 부드러워진다.

な長方形に切った切りもちにしたり、ボールのように丸めたりする。もちは非常にねばりが強く、かみごたえがある。煮てやわらかくして食べたり、焼いてしょうゆやのりをつけて食べたり、汁物に入れたり、きな粉をまぶしたり、大根おろし(大根をすりおろしたもの)につけて食べたりする。乾燥したもちは日持ちがよく、焼くとまたやわらかくなる。

特別な種類のもちに、甘い小豆のペーストであるあんがつまったもちである大福もちや、豆の入った豆もちなどがある。

小豆

小豆はさまざまな種類のスイーツやケーキ、汁物の材料としてよく使われる。ご飯と一緒に炊いて赤飯(赤いご飯)にしたりもする。赤は縁起のよい色とされることから、お祝い事があるときに食べる。小豆と砂糖を混ぜてつくった甘いペーストをあんと呼ぶ。あんには2

豆知識

どこで何を注文するか
- 関東地方(東京): しるこは焼いたもちとあんの入った汁で、こしあんなら御膳じるこ、つぶあんなら田舎じると呼ばれる。焼いたもちに小豆あんをのせたものはぜんざいという。
- 関西地方(大阪): しるこは焼いたもちにこしあんの入った汁のこと。つぶあんが入ったものはぜんざいという。

특별한 종류의 모치로는 팥이 들어간 다이후쿠모치나 콩이 들어가 있는 마메모치 등이 있다.

아즈키(팥)

아즈키는 여러 종류의 단것이나 케이크, 국물 음식의 재료로 자주 활용된다. 밥을 지을 때 넣어 세키한(붉은색 밥)을 만들기도 한다. 붉은색은 행운을 가져다준다고 여겨져 축하할 일이 있을 때 먹는다. 아즈키와 설탕을 섞어 만든 단맛의 페이스트를 앙(팥소)이라고 한다. 앙에는 두 종류가 있다. 걸러서 부드러운 맛을 내는 고시앙과 거르지 않아서 콩 껍질 일부가 남아 있는 쓰부앙이 그것이다. 앙은 대체로 생과자(굽지 않은 설탕과자)의 재료로서 차와 잘 어울린다.

시루코는 아즈키앙으로 만든 달고 뜨거운 국물에 구운 떡을 넣은 것이다. 차조기를 곁들여 먹는다.

요캉은 앙, 설탕, 우무(해초의 한 종류로 만든 것)로 만든 젤리 같은 단것이다.

> **어디에서 무엇을 주문할까**
> - 관동지방(도쿄): 시루코는 구운 떡과 앙이 들어간 국물로서 고시앙은 고젠지루코, 쓰부앙은 이나카지루코라고 부른다. 구운 떡에 아즈키앙을 얹은 것은 젠자이라고 한다.
> - 관서지방(오사카): 시루코는 구운 떡에 고시앙을 넣은 국물이다. 쓰부앙을 넣은 것은 젠자이라고 한다.

種類あって、裏ごしした滑らかなこしあんと、裏ごしせず豆の皮の一部が残っているつぶあんがある。あんは多くの生菓子(焼いていない砂糖菓子)の材料で、お茶とよく合う。

しるこは、小豆あんでできた甘くて熱い汁に焼いたもちが入ったもの。穂じそを添えて食べる。

ようかんは、あん、砂糖、寒天(海草の一種からつくられる)でできたゼリーのようなスイーツ。

小豆は、えんどう豆やいんげん豆と混ぜて、甘納豆にも使われる。甘納豆は、砂糖で煮たさまざまな豆を混ぜ合わせたもの。砂糖漬けのフルーツに似ている。

きな粉

きな粉は茶色がかった黄色い粉で、日本人の主要なタンパク源である大豆を炒ったものでつくる。砂糖と混ぜて甘くすることが多く、甘味処(お茶を出す昔ながらの日本式のティールーム)で供されるさまざまな食べ物にまぶして用いられる。くず(クズウコンのでんぷん)でできたやわらかいもちで、黒蜜(黒砂糖のシロップ)をかけて食べるくずもち。炭焼きしたもちを湯通しし、きな粉をまぶした安倍川もち、などがある。静岡県の名物である安倍川もちは、17世紀初めの偉大な戦国武将で将軍であった徳川家康の好物だった。

아즈키는 완두콩이나 강낭콩과 섞어서 아마낫토에도 사용한다. 아마낫토는 여러 가지 콩을 섞어 설탕으로 끓여 만든 음식이다. 설탕으로 절인 과일과 비슷하다.

기나코 콩고물

기나코는 황토색 가루로 일본인의 주요한 단백질원인 콩을 볶아 만든 것이다. 설탕과 섞어서 달게 만들고, 간미도코로(차를 내는 옛 일본식 다실)에서 나오는 여러 가지 음식에 뿌려 먹는다. 칡으로 만든 부드러운 떡으로 시럽을 뿌려 먹는 구즈모치, 숯으로 구운 떡을 뜨거운 물에 살짝 넣었다가 꺼내 기나코를 묻혀 먹는 아베카와모치 등이 있다. 시즈오카 현의 명물인 아베카와모치는 17세기 초 위대한 전국시대 무장이었던 도쿠가와 이에야스가 좋아했던 떡이다.

ところてん / みつまめ / あんみつ

テングサは海草の一種で、煮て冷ますと寒天と呼ばれる和風のゼラチンになり、伝統的な日本のティールームのさまざまなメニューに用いられる。カロリーはなく、食物繊維が豊富だ。ゼラチンとは違い、夏の暑さでも溶けにくい。

ところてんは夏場のさっぱりした食べ物で、寒天を細長くしたもの。パスタのバーミセリにやや似ている。関東地方では、風味のある料理として冷やして食べるのが一般的で、しょうゆに酢、のり、からしまたはしょうがと一緒に食べる。関西地方では、通常、黒蜜(色の黒い糖蜜)をかけて、スイーツとして食べている。

みつまめは、人気のある冷たいデザートで、サイの目に切った寒天と赤えんどう豆などの甘い豆、やわらかいでんぷん粉を練ったぎゅうひ、特にみかんなどの小さく切ったフルーツを入れる。ハチミツかシロップをかけて、さくらんぼを飾りに加えてできあがり！

あんみつはみつまめに小豆あんを加えたもの。そこにアイスクリームを加えると、クリームあんみつになる。

도코로텐 / 미쓰마메 / 앙미쓰

뎬구사(우뭇가사리)는 해초의 한 종류로 끓여서 식히면 간텐(우무)이라고 부르는 일본식 젤라틴이 된다. 전통적인 일본 다실에서 다양한 메뉴에 사용된다. 칼로리가 없고 식물 섬유가 풍부하다. 젤라틴과는 달리 여름에도 잘 녹지 않는다.

도코로텐은 여름에 시원하게 먹을 수 있는 음식으로 간텐을 가늘고 길게 만든 것이다. 파스타 종류인 버미첼리와 조금 비슷하다. 관동지역에서는 식욕을 돋우는 음식으로 차갑게 먹는 것이 일반적이다. 간장에 식초, 김, 겨자, 또는 생강과 같이 먹는다. 관서지방에서는 보통 시럽을 뿌려서 단것으로 먹는다.

미쓰마메는 인기 있는 차가운 디저트로 깍둑썰기한 간텐과 붉은 완두콩 등의 단맛 콩, 부드러운 녹말가루를 반죽해서 만든 규히(조청과자), 특히 귤같이 작게 자른 과일을 넣는다. 꿀이나 시럽을 뿌린 후 마지막으로 앵두를 장식하면 끝!

앙미쓰는 미쓰마메에 아즈키앙(팥소)을 더한 것이다. 여기에 아이스크림을 넣으면 크림 앙미쓰가 된다.

水あめ

　水あめは、大麦の麦芽、もち米と水でつくるとろみの強いシロップのようなもの。ジャムやせんべいなどさまざまなお菓子をつくるのに用いられる。大麦にはアミラーゼと呼ばれる消化酵素が含まれている。

> **トリビア**　ラフカディオ・ハーンは、自身の著書、『知られぬ日本の面影』(1894)で、水あめにまつわる怪談を残している。その中で水あめを、「麦芽からつくる琥珀色をしたシロップで、ミルクが手に入らないとき、子供たちに与えるもの」と記している。

せんべい / かりんとう

　せんべいは甘いものから香ばしいものまでさまざまある。香ばしいタイプは蒸したうるち米をついたものを、平らにし、焼く。表面にしょうゆを塗ったものが多く、のりを入れたり巻いたりしてある。甘いせんべいは小麦粉、砂糖と水あめでつくる。

　ほかに、もち米からつくるせんべいがある。おかきは小さなもちを揚げたもの。小さな球状のせんべいはあられと呼ばれ、刻んだの

> **トリビア**　1世紀前に、農園労働者として日本から移住した人々によってあられが伝えられたハワイでは、それを「もちクランチ」と呼ぶこともある！

미즈아메 조청

미즈아메는 보리 엿기름, 찹쌀과 물로 만든 걸쭉한 시럽 같은 것이다. 잼이나 센베 등 여러 가지 과자를 만들 때 사용한다. 보리에는 아밀라아제라고 부르는 소화 효소가 들어 있다.

> 라프카디오 헌은 자신의 저서 『낯선 일본과의 만남』(1894)에서 미즈아메와 관련된 괴담을 적어놓았다. 그중에 미즈아메를 "엿기름으로 만드는 호박색 시럽, 우유를 구할 수 없을 때 아이들에게 주던 것"이라고 표현했다. — 일반상식

센베 / 가린토

센베는 단것에서부터 고소한 것까지 여러 종류가 있다. 고소한 종류의 센베는 찐 멥쌀을 빻아서 만들며 평평하게 해서 굽는다. 표면에 간장을 바른 것이 많고 김을 넣거나 싸기도 한다. 단맛이 나는 센베는 밀가루, 설탕, 미즈아메로 만든다.

이 외에도 찹쌀로 만든 센베가 있다. 오카키는 작은 떡을 튀긴 것이다. 아주 조그마한 원 모양의 센베는 아라레라고 부르며 잘게 썬 김을 넣은 것이 많고 맥주와 잘 어울려 고소하게 안주로 자주 먹는다. 그러나

> 1세기 전, 일본에서 이주해온 농장 노동자들에 의해 아라레가 전해진 하와이에서는 그것을 '모치크런치'라고 부르기도 한다! — 일반상식

りが入ったものが多く、ビールに合う香ばしいつまみとして口にすることが多い。だがあられには甘いものもあり、必ずしも形が丸いとは限らない。形が柿の種に似ている種類のもの(柿の種)は、よくピーナッツと一緒に袋入りで売られ、柿ピーと呼ばれる。ひな祭りシーズンになると、色とりどりのあられが子供用につくられる。

　かりんとうと呼ばれる甘く、歯ごたえのあるでこぼこした棒状のお菓子は、1000年ほどの歴史がある。小麦粉、卵、砂糖を混ぜたものを油で揚げ、黒砂糖か黒蜜をまぶしてつくる。白砂糖をまぶしたものや、ピーナツ、ゴマ風味のかりんとうもある。江戸時代後期、道端でかりんとうを売る露天商の姿は、江戸(現在の東京)でよく見る光景だった。

아라레는 단맛이 나기도 하며 반드시 동그란 모양만 있는 것은 아니다. 감씨 모양을 하고 있는 종류는(가키노타네) 대개 땅콩처럼 봉투에 넣어서 팔며 가키피라고도 부른다. 하나마쓰리(인형 축제) 철이 되면 알록달록한 색깔의 어린이용 아라레가 만들어진다.

가린토라고 부르는 달고 딱딱하며 **울퉁불퉁한 방망이 모양의** 과자는 1000년 정도의 역사를 가지고 있다. 밀가루, 달걀, 설탕을 섞어 기름에 튀긴 후 흑설탕이나 시럽을 묻혀 만든다. 백설탕을 묻혀 만든 것이나 땅콩 맛, 깨 맛이 나는 가린토도 있다. 에도시대 후기에 길가에서 가린토를 파는 노점상의 모습은 에도(현재의 도쿄)에서 자주 볼 수 있는 풍경이었다.

参考文献

ローレンス・オリファント,『エルギン卿遣日使節録』(1859)

エドワード・S・モース,『日本の住まいとその周辺』(1886)

ラフカディオ・ハーン,『日本瞥見記』(『知られぬ日本の面影』)(1894)

アルフレッド・パーソンズ,『NOTES IN JAPAN』(1896)

バジル・ホール・チェンバレン,『日本事物記』(改訂版、1904)

アーサー・ロイド,『Every-day Japan』(1906)

ハーバート・G・ポンティング,『英国人写真家の見た明治日本 この世の楽園・日本』(1910)

A・M・トンプソン,『Japan for a Week』(1911)

フランク・H・リー,『滞日印象 筆にまかせて』(1935)

勝俣銓吉郎,『和光集』(1937)

観光局鉄道省,『日本ポケットガイド』(1939)

年号

平安　　(794~1185)

江戸　　(1603~1868)

明治　　(1868~1912)

참고문헌

로런스 올리펀, 『엘진 백작의 중국과 일본 파견 이야기』(1859)

에드워드 S. 모스, 『일본의 집과 그 주변』(1886)

라프카디오 헌, 『일본별견기』(『낯선 일본과의 만남』)(1894)

앨프레드 파슨스, 『일본의 인상』(1896)

바실 홀 체임벌린, 『일본사물기』(개정판, 1904)

아서 로이드, 『일본의 매일』(1906)

허버트 G. 폰팅, 『영국인 사진가가 본 메이지 일본: 이 세상의 낙원, 일본』(1910)

A. M. 톰슨, 『일본에서의 일주일』(1911)

프랭크 H. 리, 『체류인상, 일본에서의 나날들』(1935)

가쓰마타 센키치로, 『화광집』(1937)

관광국철도성, 『일본 포켓가이드』(1939)

연호

헤이안　(794~1185)

에도　　(1603~1868)

메이지　(1868~1912)

著者 **とよざきようこ**

徳島県出身。外国人劇団の舞台制作を経て、映像台本や書籍の翻訳、ナレーションのコーディネーションなどを業務とするバーミンガム・ブレーンズ・トラスト(BBT)設立に参画。

訳書に『英語で味わうシェイクスピアの世界』、『バイリンガル版 ちはやふる』、『源氏物語 あさきゆめみし』、『日本風物詩』、『バカの壁』、『盲導犬クイールの一生』、『1リットルの涙』、『銀河鉄道の夜』、『風の又三郎』など。

著者 **ステュウット・ヴァーナム-アットキン**

英国出身。オックスフォード大学卒業。1970年代より日本在住。劇団主宰を経て、ナレーション、翻訳などが業務のバーミンガム・ブレーンズ・トラスト(BBT)を設立。NHKワールド番組のナレーション、大相撲英語放送のゲスト解説を務めるほか、昔話の執筆、宮沢賢治作品やシェイクスピアの翻案などを手がける。2011年、放送大学客員教授に就任。

著書に『Trad Japan, Mod Nippon』、『Trad Japan Snapshots』、『夕顔』、『若紫』など。共著書に『ニッポン風物詩』、『日本の衣食住まるごと事典』、『英語で伝えたいふつうの日本』、『ちはやふる』など多数。

韓国語訳者 **承 賢珠**

韓国漢陽大学校一般大学院国語国文科修士課程を卒業。現在、日本外務省、湘南工科大学、東海大学エクステンションセンター、コリ文語学堂の各韓国語講師をつとめる。

著書に『ハングル検定対策3級問題集』(共著白水社)、『韓国語単語集』(共著 新星出版社)がある。

지은이 도요자키 요코

도쿠시마 현 출신. 외국인 극단의 무대제작을 거쳐 영상대본 및 서적 번역, 내레이션의 코디네이션 등을 업무로 하는 버밍엄 브레인즈 트러스트(BBT) 설립에 참가.

역서로『영어로 맛보는 셰익스피어의 세계』,『바이링걸판 치하야후루』,『겐지이야기 아사키유메미시』,『일본풍물시』,『바보의 벽』,『퀼』,『은하철도의 밤』,『바람의 마타사부로』 등이 있다.

지은이 스튜어트 버남 앳킨(Stuart Varnam-Atkin)

영국 출신. 옥스포드 대학 졸업. 1970년대부터 일본에서 거주. 극단 주재를 거쳐 내레이션, 번역 등이 업무인 버밍엄 브레인즈 트러스트(BBT)를 설립. NHK 월드 프로그램의 내레이션 이외에 스모 영어방송의 게스트 해설을 맡고 있으며, 옛날 이야기를 집필하고, 미야자와 겐지의 작품이나 셰익스피어의 번안 등을 다룬다. 2011년 방송대학 객원교수로 취임.

저서로『Trad Japan, Mod Nippon』,『Trad Japan Snapshots』,『夕顔』,『若紫』 등이 있고, 공저에『일본풍물시』,『일본 의식주 사전』,『영어로 전하고 싶은 보통의 일본』,『치하야후루』 등 다수가 있다.

옮긴이 승현주

한양대학교 대학원 국어국문학과 석사과정 졸업. 현재 일본외무성, 쇼난공과대학, 도카이대학 익스텐션센터, 코리분 어학당의 한국어 강사로 활동하고 있다. 공저에『한글검정대책3급문제집』,『한국어단어집』이 있다.

日韓対訳ライブラリー
「日本の衣食住」まるごと事典
일본 의식주 사전: 일본 와사비, 한국 고추냉이

2015年5月9日　初版第1刷発行

著　　者	とよざき　ようこ
	ステュウット ヴァーナム–アットキン
日本語訳	澤田組
韓国語訳	承 賢珠

発 行 者　Chongsu Kim
発 行 所　Hanul Publishing Group
　　　　　Hanul Seesaw Bldg. 3F, Gwanginsa-gil 153, Paju Book City, Gyeonggi-do, 413-756, Korea
　　　　　Tel +82-31-955-0655 Fax +82-31-955-0656
　　　　　www.hanulbooks.co.kr

発 売 元　IBCパブリッシング株式会社
　　　　　〒162-0804　東京都新宿区中里町29番3号 菱秀神楽坂ビル9F
　　　　　Tel. 03-3513-4511 Fax 03-3513-4512
　　　　　www.ibcpub.co.jp

印 刷 所　株式会社シナノパブリッシングプレス

© Yoko Toyozaki and Stuart Varnam–Atkin 2007
© Sawada Gumi 2007
© IBC Publishing, Inc. 2007
© Hanul Publishing Group 2015

Printed in Japan

乱丁本・落丁本は、小社宛にお送りください。送料小社負担にてお取り替えいたします。
本書の無断複写（コピー）は著作権法上での例外を除き禁じられています。

ISBN978-4-7946-0344-9